LAROUSSE junior
DE L'ASTRONOMIE

21, rue du Montparnasse   **LAROUSSE**   75283 Paris Cedex 06

LAROUSSE junior
DE L'ASTRONOMIE

RÉDACTION :
Nathalie Bucsek,
Fabienne Casoli

CONCEPTION GRAPHIQUE :
Anne Delalandre

**DIRECTION
DE LA PUBLICATION :**
Dominique Korach

DIRECTRICE ÉDITORIALE :
Françoise Vibert-Guigue

**RESPONSABLE
ÉDITORIALE :**
Brigitte Bouhet

**CONSEILLER
SCIENTIFIQUE :**
Philippe de la Cotardière

LECTURE-CORRECTION :
Jacqueline Peragallo

DIRECTEUR ARTISTIQUE :
Frank Sérac

ILLUSTRATEURS :
Émile Bravo, Rocco,
Laurent Blondel, Pierre Bon,
Jean-François Pénichoux

MISE EN PAGE :
Géraldine Morisset,
Karim Sahli

**RECHERCHE
ICONOGRAHIQUE :**
Valérie Delchambre,
Brigitte Bouhet

FABRICATION :
Jacques Lannoy

© Larousse / VUEF 2001
21, rue du Montparnasse
75006 Paris

Dépôt légal : Septembre 2001

Imprimé en : Espagne

SOMMAIRE

LE VAISSEAU TERRE

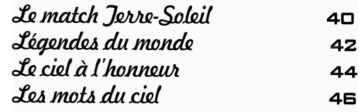

LE MESSAGER DES ÉTOILES

LE SYSTÈME SOLAIRE

LE MESSAGER DES ÉTOILES

LES ÉTOILES

LE MESSAGER DES ÉTOILES

LES GALAXIES

LE MESSAGER DES ÉTOILES

LES OUTILS DE L'ASTRONOMIE

LE MESSAGER DES ÉTOILES

"Tu regarderas, la nuit, les étoiles. C'est trop petit chez moi pour que je te montre où se trouve la mienne. C'est mieux comme ça. Mon étoile, ça sera pour toi une des étoiles. Alors, toutes les étoiles, tu aimeras les regarder..."

Le Petit Prince,
Antoine de Saint-Exupéry

Pourquoi aime-t-on regarder le ciel ? Il y a une foule de raisons à cela. On peut y chercher l'étoile du Petit Prince. On peut y guetter l'apparition de la Lune, l'éclair de lumière d'une étoile filante, le lever du Soleil. Mais on peut aussi aimer regarder le ciel parce qu'on adore les histoires. L'Univers est comme un grand livre d'histoires qui s'ouvrirait à la nuit tombée.

On y trouve de tout : de très vieilles légendes et des récits modernes. Dans l'Antiquité, les hommes racontaient que le ciel était peuplé de monstres, de géants et de dieux invincibles. Les histoires modernes de l'Univers, elles, ont été écrites par les astronomes. Elles nous disent que les étoiles sont d'immenses chaudrons, où se cuisine la matière du cosmos. Elles nous expliquent pourquoi les comètes sont prisonnières du Soleil, et plein d'autres choses encore... Ouvrons donc le grand livre de l'Univers !

LA GALERIE

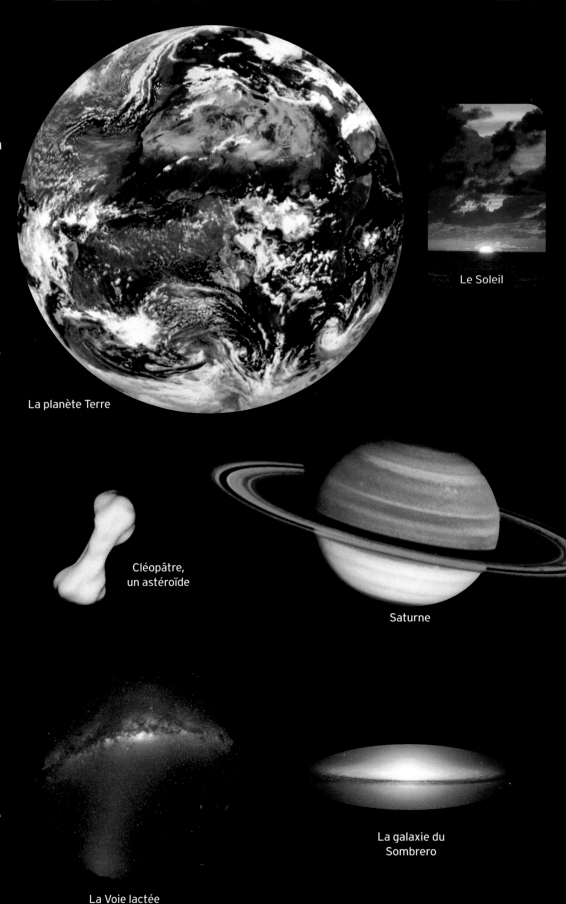

D' après le dictionnaire, "astre" est un nom masculin qui désigne un corps céleste lumineux par lui-même ou empruntant la clarté d'un autre corps. "Beau comme un astre" signifie magnifique. Les galaxies, les étoiles, les planètes sont-elles belles comme des astres ? En tout cas, elles ne se ressemblent guère ! Planètes de roches ou planètes de gaz, satellites comme la Lune, astéroïdes, comètes, sans oublier notre étoile le Soleil, voici d'abord les habitants du système solaire. L'univers abrite bien d'autres astres encore : la Voie lactée, la galaxie à laquelle appartient le système solaire, contient des centaines de milliards d'étoiles. Certaines sont solitaires, comme le Soleil, d'autres vivent en couples, comme l'étoile Sirius, d'autres encore vivent au sein d'amas de milliers d'étoiles. Certaines sont des jeunettes de quelques millions d'années, d'autres arrivent à la fin de leur vie. Mais l'Univers est infiniment plus grand que la Voie lactée : les astronomes pensent qu'il contient plus de 100 milliards de galaxies !

Le Soleil

La planète Terre

Cléopâtre, un astéroïde

Saturne

La Voie lactée

La galaxie du Sombrero

DES ASTRES

La comète Hyakutake

La nébuleuse
de l'Œil de chat

Un amas d'étoiles

Vue imaginaire
d'un trou noir

L'étoile Sirius

Une météorite

La Lune

LE VAI
TER

*Les hommes naviguent
sur le vaisseau Terre
depuis longtemps.
C'est de là qu'ils observent
le ciel et ses mystères.*

SSEAU
RE

UNE JOURNÉE AU SOLEIL

Le ciel est un grand théâtre, où il se passe toujours quelque chose. Il n'y a qu'à voir le Soleil : jour après jour, il nous rejoue à peu près la même scène.

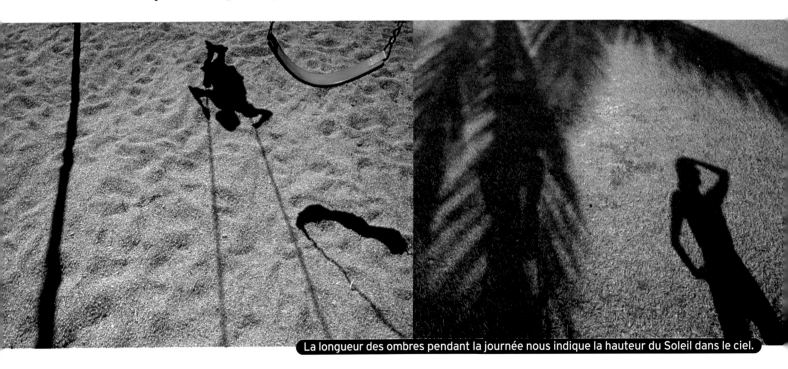

La longueur des ombres pendant la journée nous indique la hauteur du Soleil dans le ciel.

COURSE DU SOLEIL...

Chaque jour, le Soleil paraît tracer une longue courbe dans le ciel. D'abord, il apparaît à l'horizon : il se lève, vers l'est. Puis il grimpe lentement. À midi, il est dans la direction du sud (dans l'hémisphère Nord), et au plus haut dans le ciel. Passé midi, il redescend jusqu'au soir et il se couche vers l'ouest. Les ombres des arbres suivent heure par heure cette course du Soleil. Au cours de la journée, elles tournent régulièrement et n'ont pas la même longueur. Très longues le matin, quand le Soleil frôle l'horizon, elles rétrécissent jusqu'à midi, moment où elles sont les plus courtes (car le Soleil est au plus haut). Passé midi, elle s'allongent jusqu'au soir, puis disparaissent.

... OU MOUVEMENT DE LA TERRE ?

Tout cela est bien beau mais, en réalité, le Soleil ne va nulle part. Sa course est une illusion, créée par le propre mouvement de la Terre. Notre planète tourne sur elle-même, autour d'un axe qui passe par ses pôles Nord et Sud. Elle fait un tour complet en 24 heures, en ce qu'on appelle un "jour", et d'ouest en est (c'est pourquoi le Soleil semble aller en sens inverse, d'est en ouest).

Nous, les terriens, ne sentons pas ce mouvement, appelé "rotation", car nous sommes emportés par lui. Pourtant, il est bien réel. Grâce à lui, chaque jour, nous défilons devant le Soleil immobile. En 24 heures, chaque région du globe terrestre passe plusieurs heures dans la zone éclairée par le Soleil (le côté où "il fait jour") puis elle reste dans la zone qui se trouve à l'ombre (le côté où il fait nuit).

FACE AU SUD

Dans l'hémisphère Nord, pour suivre la course du Soleil en une journée, il faut se placer face au sud. L'est se trouve alors à gauche, l'ouest à droite (c'est le contraire sur nos atlas, où le Nord est en haut). Mais le Soleil ne se lève pas toujours exactement à l'est et ne se couche pas vraiment à l'ouest. C'est vrai au début du printemps ou de l'automne, mais pas en été ou en hiver ! En fait, le trajet du Soleil dans notre ciel varie tout au long de l'année ; c'est à cause de l'axe de la Terre, qui est penché.

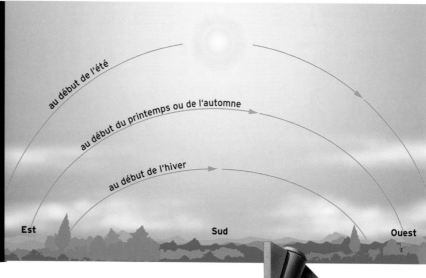

au début de l'été

au début du printemps ou de l'automne

au début de l'hiver

Est   Sud   Ouest

AU BALCON
DE LA TERRE

La Terre est notre balcon d'observation sur l'Univers. Mais il est impossible de comprendre ce qui se passe vraiment dans le ciel si on ne sait pas où on se trouve sur ce balcon : plutôt à l'est, ou plutôt à l'ouest ? Plutôt au nord ou plutôt au sud ?

Pour se repérer, les hommes ont quadrillé la surface de la Terre à l'aide de grands cercles imaginaires. Les méridiens sont des demi-cercles "verticaux" qui vont d'un pôle à l'autre. Deux villes situées sur le même méridien (on dit aussi qu'elles sont à la même longitude) sont à la même heure par rapport au Soleil, puisque les rayons solaires les touchent en même temps.

Les parallèles sont de grands cercles "horizontaux" parallèles à l'équateur. Ils permettent de mesurer notre latitude, c'est-à-dire la "hauteur" à laquelle nous nous trouvons sur le globe terrestre, par rapport à l'équateur. Deux villes à la même latitude, comme Madrid et New York, voient le même ciel, mais pas à la même heure, car elles ne sont pas sur le même méridien.

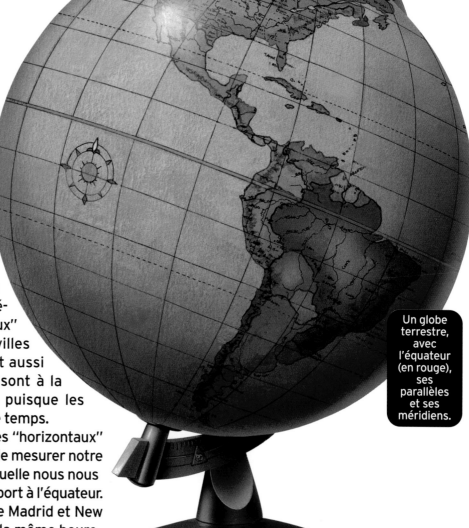

Un globe terrestre, avec l'équateur (en rouge), ses parallèles et ses méridiens.

UNE NUIT AUX ÉTOILES

Le Soleil a disparu sous l'horizon : la nuit est tombée. Mais les illusions continuent. À cause de la rotation de la Terre, ce sont les étoiles qui semblent tourner autour de nous.

RONDE DE NUIT

Évidemment, la Terre ne s'arrête pas de tourner quand nous entrons du côté nuit et que les étoiles apparaissent, scintillant comme de petits diamants posés sur un écran noir. Du coup, chaque nuit, les étoiles paraissent exécuter un grand mouvement au-dessus de nos têtes, comme le Soleil le jour. Le ciel tout entier, tel un grand chapiteau, semble tourner de l'est vers l'ouest (normal, puisque la Terre tourne sur elle-même d'ouest en est).

L'étoile Polaire (cerclée en blanc) n'est pas très éloignée de la Grande Ourse (en bas de l'image).

Lorsqu'on photographie le ciel avec un long temps de pose, on voit les étoiles décrire de grands cercles autour de l'étoile Polaire.

L'ÉTOILE POLAIRE, LE PIVOT DU CIEL

En fait, il y a au moins une étoile qui ne tourne pas : il s'agit de l'étoile Polaire, celle qui indique le nord. Elle se trouve pile (enfin, presque) dans le prolongement de l'axe de la Terre, au-dessus de notre pôle Nord à nous. Comme cet axe ne bouge pas – c'est la Terre qui lui tourne autour –, l'étoile Polaire ne bouge pas non plus. Du coup, tout le ciel semble pivoter autour d'elle.

Une étoile fixe, qui indique toujours la direction du nord ? Une aubaine pour se repérer ! Pas étonnant que, pendant des siècles, les marins se soient dirigés en observant la Polaire. C'était la première étoile qu'ils guettaient dès que la nuit tombait. Du moins quand ils se trouvaient dans l'hémisphère Nord : la Polaire n'a aucune utilité dans l'hémisphère Sud car on ne la voit pas.

LE BON ANGLE

La nuit, les étoiles semblent tourner de "15 degrés" par heure. Quinze degrés, c'est un angle, et justement les astronomes se servent des angles pour mesurer des distances dans le ciel. En largeur, un poing fermé avec le pouce tendu à l'horizontale mesure environ 15 degrés. On peut vérifier que c'est à peu près le déplacement des étoiles en une heure.

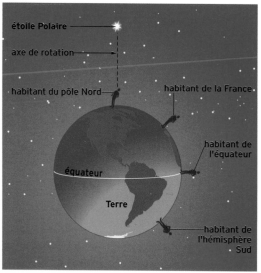

NE PERDONS PAS LE NORD !

Tous les habitants du globe terrestre ne voient pas l'étoile Polaire à la même hauteur dans le ciel. Le dessin ci-dessus montre quatre terriens vivant à différentes latitudes (à différentes "hauteurs") à la surface de la Terre ronde. L'habitant du pôle Nord voit très bien l'étoile Polaire : elle brille pile au-dessus de sa tête, à la verticale. En France métropolitaine, nous sommes à "mi-hauteur" de l'hémisphère Nord. Nous voyons donc l'étoile Polaire à mi-hauteur dans le ciel, et non pas à la verticale. Un terrien vivant sur l'équateur voit l'étoile Polaire, mais tout juste : pour lui, elle frôle l'horizon Nord. Quant à l'habitant de l'hémisphère Sud, il ne voit pas l'étoile Polaire : pour lui, elle est toujours sous l'horizon.

UNE ANNÉE
AU SOLEIL

Les jours succèdent aux jours parce que la Terre tourne sur elle-même. Mais elle tourne aussi autour du Soleil ! Et à cause de cela, ce sont les années qui succèdent aux années.

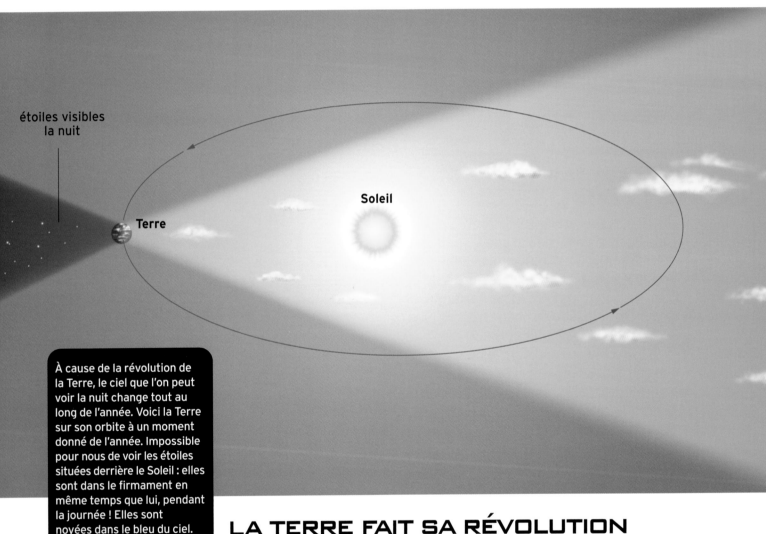

étoiles visibles
la nuit

Terre

Soleil

À cause de la révolution de la Terre, le ciel que l'on peut voir la nuit change tout au long de l'année. Voici la Terre sur son orbite à un moment donné de l'année. Impossible pour nous de voir les étoiles situées derrière le Soleil : elles sont dans le firmament en même temps que lui, pendant la journée ! Elles sont noyées dans le bleu du ciel. Les étoiles visibles la nuit se trouvent forcément dans la direction opposée à celle du Soleil.

LA TERRE FAIT SA RÉVOLUTION

Un manège qui tournerait et qui, en même temps, avancerait sur le périphérique ou sur une piste d'athlétisme : voilà à quoi pourrait ressembler notre Terre.

C'est une planète et, comme toute planète qui se respecte, elle tourne autour de son étoile, le Soleil. Nous, les terriens, ne sentons pas plus ce second mouvement, appelé ''révolution'', que le premier, la rotation de la Terre. Emportés par lui, nous naviguons pourtant autour du Soleil à la vitesse vertigineuse de 107 000 kilomètres à l'heure. Notre trajectoire (notre ''orbite'') n'est pas tout à fait ronde : c'est une ellipse, un cercle légèrement étiré.

ANNÉE SOLAIRE, ANNÉE CIVILE

Combien de temps la Terre met-elle pour faire un tour complet autour du Soleil ? Une année.

Dans le même temps, elle a fait 365 tours complets plus un quart de tour sur elle-même. Donc, une année dure 365 jours et un quart ? Oui... et non : tout dépend de quelle année on parle. L'année solaire, le temps mis par la Terre pour boucler une orbite, dure bien 365 jours un quart (365 j 5 h et 49 min pour être exact). Mais l'année civile, celle de notre calendrier, ne peut pas avoir des quarts de jour ! Elle dure donc soit 365 soit 366 jours.

Aujourd'hui, tout cela a l'air simple. Pourtant, on verra que ce fameux quart de tour a été longtemps un vrai casse-tête pour les savants chargés d'établir le calendrier...

Six mois plus tard, la Terre a glissé sur son orbite et notre perspective a changé. Les étoiles visibles la nuit sont justement celles qu'on ne pouvait pas voir six mois plus tôt ! En un an de voyage autour du Soleil, nous découvrons comme ça, par petits bouts, toute la toile de fond du ciel (à notre latitude, seules la Polaire et quelques étoiles proches d'elle sont toujours là la nuit).

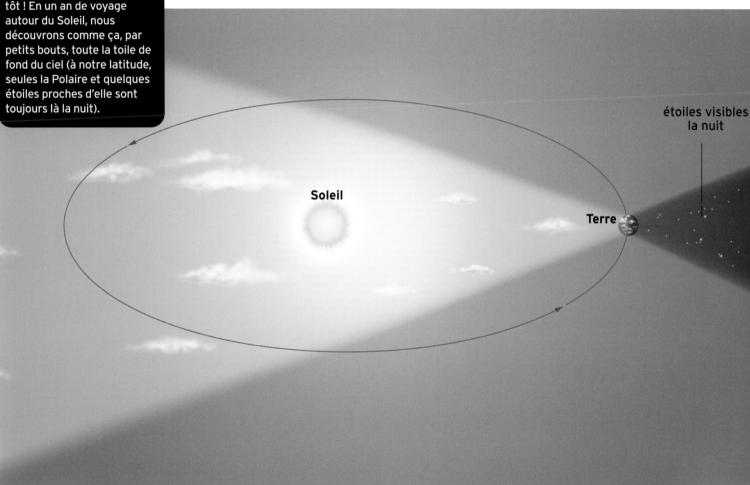

Soleil

Terre

étoiles visibles la nuit

CERCLE OU ELLIPSE ?

Pour dessiner un cercle avec les moyens du bord (sans compas), il faut un clou planté sur une planche, une ficelle nouée en boucle et un crayon. Il suffit de faire passer le clou et le crayon dans la boucle, de vérifier que la ficelle est bien tendue et de tourner autour du clou avec la pointe du crayon.

Gardons la même méthode, mais à une nuance près : prenons deux clous. La ficelle bien tendue a maintenant une forme de triangle. En faisant tourner le crayon autour des deux clous, on obtient une sorte de cercle étiré : c'est une ellipse. La trajectoire de la Terre a cette forme, avec le Soleil situé à l'emplacement d'un des clous. Il n'y a rien à la place de l'autre clou.

LA RONDE
DES SAISONS

Été, automne, hiver, printemps : le grand manège des saisons ne s'arrête jamais de tourner. Mais quand c'est l'été en France, c'est l'hiver dans l'hémisphère Sud !

Été

Automne

Hiver

Printemps

POURQUOI DES SAISONS ?

Soleil de minuit en Norvège.

Pourquoi en France les nuits sont-elles si courtes en juin et interminables en décembre ? À quoi sont dues les saisons ?

À l'inclinaison de l'axe de rotation terrestre : autrement dit, à cet air penché de la Terre que l'on peut voir sur les globes terrestres. La Terre tourne sur elle-même, mais son axe (la ligne passant par les pôles) n'est pas perpendiculaire à sa trajectoire autour du Soleil. Il y a un angle de 23 degrés et demi qui change tout !

Imagine la Terre qui se déplace autour du Soleil tout au long de l'année, le pôle Nord pointant toujours obstinément dans la direction de l'étoile Polaire.

On commence par l'été dans l'hémisphère Nord. Le pôle Nord est éclairé par le Soleil, et quand la Terre tourne sur elle-même, il reste éclairé : c'est le "soleil de minuit". Trois mois plus tard, début de l'automne : la Terre a parcouru un quart de son orbite, et partout sur Terre, il y a douze heures de jour et douze heures de nuit. Trois mois ont passé : voici venu l'hiver, et le pôle Nord se trouve dans la nuit perpétuelle.

Encore trois mois plus tard, voici le printemps et de nouveau l'égalité des jours et des nuits ; trois mois de plus, nous voici revenus à l'été.

UNE HISTOIRE D'ANGLES

Pourquoi fait-il plus chaud en été qu'en hiver ? Il y a deux raisons à cela. D'abord, le Soleil est plus haut dans le ciel en été : ses rayons arrivent au sol plus près de la verticale et le chauffent plus fort. Et si on attrape des coups de soleil plutôt en plein midi qu'en fin de journée, c'est parce le Soleil est alors très haut dans le ciel. Ensuite, comme les journées sont plus longues, le sol et l'atmosphère ont davantage le temps de chauffer au Soleil !

LE JOUR LE PLUS LONG

Dans l'hémisphère Nord, au solstice de juin, le 21 ou le 22 juin, c'est le début de l'été. C'est le jour le plus long de l'année. À midi, le Soleil est très haut dans le ciel, et les ombres sont les plus courtes de l'année. Dans l'hémisphère Sud, on en est au début de l'hiver.

L'équinoxe d'automne a lieu soit le 22, soit le 23 septembre et marque le début de l'automne pour l'hémisphère Nord, et du printemps pour l'hémisphère Sud. À cette date-là, partout sur la Terre, le jour et la nuit font exactement douze heures.

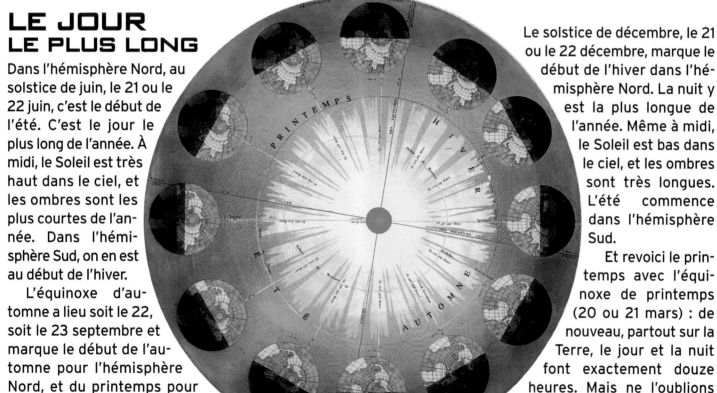

La succession des saisons, vue d'au-dessus du pôle Nord.

Le solstice de décembre, le 21 ou le 22 décembre, marque le début de l'hiver dans l'hémisphère Nord. La nuit y est la plus longue de l'année. Même à midi, le Soleil est bas dans le ciel, et les ombres sont très longues. L'été commence dans l'hémisphère Sud.

Et revoici le printemps avec l'équinoxe de printemps (20 ou 21 mars) : de nouveau, partout sur la Terre, le jour et la nuit font exactement douze heures. Mais ne l'oublions pas : les habitants de l'hémisphère Sud voient ce jour-là arriver l'automne !

FACE DE LUNE

Nouvelle lune, premier quartier, pleine lune, dernier quartier, et encore nouvelle lune : la ronde des phases de la Lune n'en finit jamais.

Lune
décroissante

LES PHASES DE LA LUNE

Les phases de la Lune se suivent toujours dans le même ordre.

À la nouvelle lune, la Terre, la Lune et le Soleil sont alignés, et la partie de la Lune non éclairée par le Soleil nous fait face. Il est donc impossible de la voir !

Le lendemain, un fin croissant se couche à l'ouest, peu après le Soleil.

Quelques jours plus tard, c'est le premier quartier ; la Lune montre la moitié d'un disque, visible au sud quand le Soleil se couche.

Sept jours après le premier quartier, la pleine lune se lève à l'est au coucher du Soleil : le Soleil illumine tout le disque de la Lune.

Juste avant et après la pleine lune, c'est la lune gibbeuse, ce qui veut dire "bossue".

Sept jours après la pleine Lune, voici le dernier quartier.

Encore quelques jours, et la Lune se réduit à un fin croissant qui se lève juste avant le Soleil à l'est.

Et l'on revient à la nouvelle Lune. Partout sur la Terre, les phases de la Lune sont les mêmes et se succèdent dans le même ordre, tous les 29 jours et demi.

TERRE ET LUNE, LE COUPLE DE L'ANNÉE

Certaines nuits, elle ressemble à un grand disque lumineux accroché dans le ciel. D'autres nuits, elle prend la forme d'un fin croissant qui apparaît à l'horizon ouest peu de temps après le coucher du Soleil. Qui est-elle ? C'est notre satellite la Lune. Satellite et pas planète, parce que la Lune tourne autour de la Terre, et non autour du Soleil comme le font les planètes. Si la Terre n'a qu'un satellite naturel, elle a en revanche des centaines de satellites artificiels, comme la station spatiale internationale et le télescope spatial Hubble !

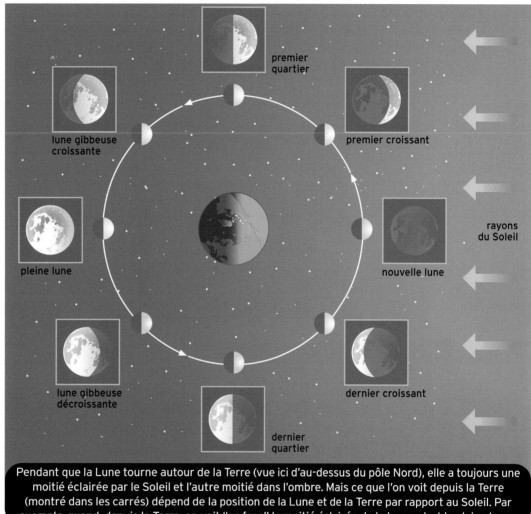

premier quartier

lune gibbeuse croissante

premier croissant

pleine lune

rayons du Soleil

nouvelle lune

lune gibbeuse décroissante

dernier croissant

dernier quartier

Pendant que la Lune tourne autour de la Terre (vue ici d'au-dessus du pôle Nord), elle a toujours une moitié éclairée par le Soleil et l'autre moitié dans l'ombre. Mais ce que l'on voit depuis la Terre (montré dans les carrés) dépend de la position de la Lune et de la Terre par rapport au Soleil. Par exemple, quand, depuis la Terre, on voit "en face" la moitié éclairée de la Lune, c'est la pleine Lune.

SOUS LES FEUX DU SOLEIL

Pourquoi la Lune est-elle aussi changeante ? Tout est affaire d'éclairage et de position. D'abord, la Lune est une sphère, comme la Terre et toutes les planètes du système solaire. Ensuite, la Lune ne produit pas de lumière : les planètes et les satellites ne sont visibles que quand ils sont éclairés par le Soleil (le seul astre du système solaire qui produit de la lumière, car c'est une étoile).

Maintenant, prenons une balle de ping-pong, collons-la sur un bâton et éclairons-la avec une lampe posée à hauteur de notre tête. Une moitié de la balle est éclairée, l'autre moitié est dans l'ombre.

Quand on regarde en face la partie éclairée, on voit un disque lumineux. Si on se déplace sur les côtés, on n'en voit plus que la moitié (un "quartier") ou bien un croissant).

LES PHASES DE LA LUNE

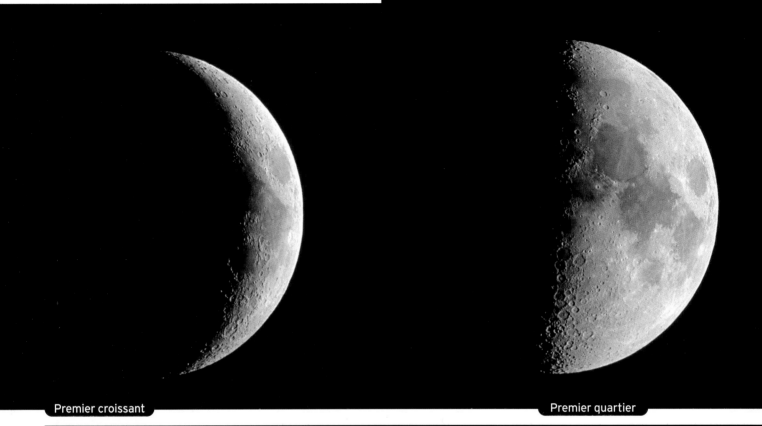

Premier croissant

Premier quartier

Lune gibbeuse décroissante

Dernier quartier

Lune gibbeuse croissante

Pleine lune

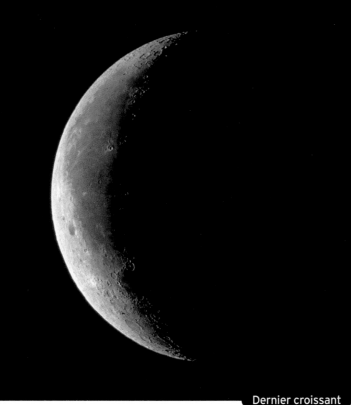

Dernier croissant

QUELLE MENTEUSE, CETTE LUNE ! Dans l'hémisphère Nord, lorsqu'elle Croît (grossit), elle prend la forme d'un D majuscule. Et quand elle a la forme d'un C, elle Décroît. Vraiment, à qui se fier ? Heureusement, dans l'hémisphère Sud, les choses sont inversées (simplement parce qu'on est à l'envers) : le croissant en forme de C est bien celui de la lune croissante. Petite devinette : que se passe-t-il à l'équateur ? Eh bien, le croissant est horizontal...

Une autre façon de savoir si la Lune est croissante ou décroissante consiste à tracer une ligne le long des pointes du croissant. Si on obtient un P, c'est le Premier quartier et donc elle est croissante. Si on obtient un Q, c'est le dernier quartier. Tout ça pour l'hémisphère Nord, bien sûr !

La Lune est la reine de la nuit. Mais, attention, elle est souvent dans le ciel la journée. On peut voir de magnifiques quartiers de lune en plein jour !

MARÉE BASSE, MAREÉ HAUTE

Pleine lune ou nouvelle lune : on sait que la marée basse va être très basse et qu'on va pouvoir marcher loin de la côte. Mais que viennent faire ici les phases de la Lune ?

Marées de vives-eaux.

UN BOURRELET
DE CHAQUE CÔTÉ

Avec les marées, la mer monte et baisse, baisse et monte... Qui est responsable des marées ?

En premier lieu, la Lune. Elle attire la Terre, et la Terre l'attire. Quand la Lune se trouve au-dessus d'un point de la surface terrestre, elle essaie de le rapprocher d'elle. Le sol rocheux ne se sent pas beaucoup concerné, mais les océans, qui sont liquides, montent vers la Lune. Cela crée un "bourrelet" dans la mer : on est à marée haute. Mais le plus surprenant, c'est qu'il se passe la même chose de d'autre côté de la Terre : il y a aussi un bourrelet ! La marée est donc haute non seulement dans la région qui est "sous" la Lune, mais aussi dans celle qui se trouve de l'autre côté de la Terre. Et comme la Terre tourne sur elle-même, on va avoir deux marées hautes par jour.

LE SOLEIL
SE MET DE LA PARTIE

Le Soleil attire aussi les océans terrestres, et comme il est très gros, il y arrive très bien. À ce petit jeu-là, parfois la Lune et le Soleil se contrarient et tirent en sens inverse, cela se passe quand la Lune est en quartier. L'amplitude de ces marées "de mortes-eaux" est donc faible. Mais quand le Soleil et la Lune sont alignés, ils tirent ensemble, et les marées de pleine lune ou de nouvelle lune (les marées "de vives-eaux") peuvent être énormes !

Marées de mortes-eaux.

Le Mont-Saint-Michel à marée basse.

PAS DE MARÉES DANS LES LACS ?

Quand même, on sait bien qu'en Méditerranée, il n'y a guère de marées, alors qu'elles sont très fortes en Bretagne. Est-ce que les marées ne devraient pas être pareilles partout sur terre ?

S'il n'y avait pas de côtes, mais seulement un unique et vaste océan, ce serait vrai. Mais la pré-sence de côtes change tout. Imaginons que l'on secoue en rythme (et dou-cement !) une grande cuvette pleine d'eau. On arrive à faire de très grosses vagues. Mais dans un verre, les vagues se-ront bien plus petites.

Pour les océans, il se passe un peu la même chose. Les marées les se-couent en rythme, deux fois par jour. Quand il s'agit d'un vaste océan comme l'Atlantique, la marée peut devenir très haute et, sur certaines côtes, l'eau peut monter d'une douzaine de mètres entre la marée basse et la marée haute.

En revanche, pour une petite mer comme la Mé-diterranée, ou même un lac, la marée n'a pas le temps de prendre son élan, et elle est à peine vi-sible. Une bonne chose pour les navigateurs, qui n'ont pas besoin de faire de grands calculs pour sa-voir si leur bateau risque de s'échouer !

Le Mont-Saint-Michel à marée haute.

Science ou fiction ?

LES MARÉES SOULÈVENT NON SEULEMENT LES OCÉANS, MAIS AUSSI LA CROÛTE TERRESTRE.

◄ **OUI.** Au moment de la marée haute, la surface terrestre se soulève aussi, mais de quelques centimètres seulement.

LE CASSE-TÊTE
DU CALENDRIER

Robinson Crusoë sur son île comptait le temps en faisant chaque jour une entaille sur un tronc. Pas très pratique... Solution : inventer le calendrier ! Mais quel calendrier ?

LE CIEL COMME MESURE DU TEMPS

Un calendrier sert à mesurer le temps qui passe sur des durées plus longues que quelques jours. Comment faire ?

Si on est courageux, on peut compter les jours, mais est-ce vraiment pratique ? On peut aussi essayer de profiter de ces horloges célestes que sont la Lune ou le Soleil, puisque la nouvelle lune aussi bien que les saisons reviennent de façon régulière et prévisible.

Une lunaison (un intervalle entre deux nouvelles lunes) dure à peu près 29 jours et demi. Une année solaire avec ses quatre saisons, printemps, été, automne, hiver, dure 365 j 5 h et 49 min : avec ça, il doit bien y avoir moyen de faire un calendrier.

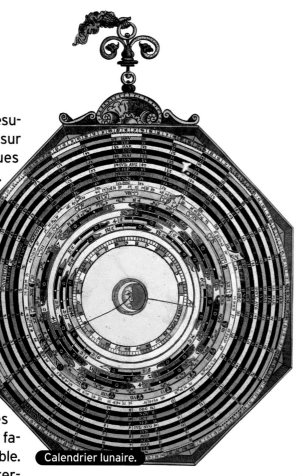

Calendrier lunaire.

CALENDRIERS LUNAIRES

Compter les lunaisons, c'est facile ! D'ailleurs le calendrier musulman, qui est lunaire, est utilisé dans de nombreux pays. Le principe : chaque année contient 12 mois de 29 ou 30 jours. Le mois commence quand on observe un fin croissant, juste après la nouvelle lune. La pleine lune se produit toujours au milieu du mois. Une année contient donc 354 ou 355 jours.

Mais cette année est trop courte de 11 jours par rapport à l'année solaire, et les mois se décalent d'autant par rapport aux saisons. Voilà pourquoi le mois de ramadan (le 9e mois lunaire), mois de jeûne pour les pratiquants de l'islam, ne se situe pas à dates fixes dans le calendrier que nous utilisons.

Calendrier égyptien.

CALENDRIERS SOLAIRES

Les calendriers solaires, comme celui qu'on utilise en France, essaient de se caler sur les saisons. Il comporte aussi douze mois dans l'année, mais de 30 ou 31 jours, à l'exception de février. Du coup, la date n'a plus rien à voir avec les phases de la Lune.

Au total, les années normales durent 365 jours, et une année sur quatre est bissextile avec 366 jours. On place le 366e jour après le 28 février.

En moyenne, on en est à 365,25 jours, soit 365 j 6 h, ce qui est très près de la durée de l'année solaire. Le printemps et le début de toutes les saisons reviennent toujours à la même date à un jour près.

JULES ET AUGUSTE

Depuis 46 av. J.-C., nous devons le calendrier solaire à Jules César, ou plutôt à l'astronome grec qui avait fait les calculs, Sosigène, établi à Alexandrie.

Ce calendrier "julien" n'était pourtant pas tout à fait exact : l'année solaire durait 11 min 14 s de moins que 365,25 jours. Au bout de quelques centaines d'années, le décalage finit par se voir.

En 1582, avec la réforme du pape Grégoire XIII , on a décidé de supprimer certaines années bissextiles : toutes celles qui se terminent par deux zéros, sauf celles qui sont divisibles par quatre,

comme 2000 ! Pas très simple, le calendrier grégorien, mais ça marche...

Mais pourquoi les mois de juillet et août ont-ils tous les deux 31 jours ? À cause de Jules César et de son successeur, Auguste. Juillet avait été nommé *julius* en latin en l'honneur de Jules César. Quand Auguste lui a succédé, lui aussi a eu son mois : *augustus* (août). Mais *augustus* ne comportait que 30 jours ! Ce n'était pas possible !

On a donc pris un jour à février et rallongé août d'autant : tant mieux pour les vacances.

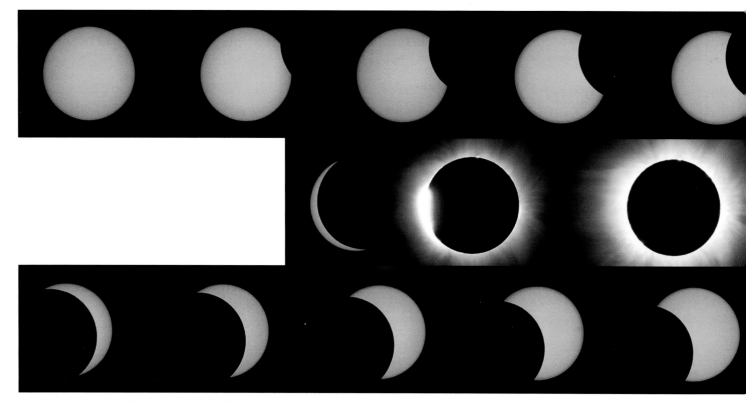

LE VAISSEAU TERRE
CACHE-CACHE DANS LE CIEL

Comme la Lune tourne autour de la Terre, qui tourne elle-même autour du Soleil, nos trois danseurs célestes se retrouvent parfois alignés. Pour le plus beau des spectacles : une éclipse.

LE SOLEIL DERRIÈRE LA LUNE

Les éclipses de Soleil se produisent quand la Lune s'intercale exactement entre la Terre et le Soleil. Ce n'est possible qu'à la nouvelle lune, mais pas à chaque fois (sinon, il y aurait des éclipses tous les mois !) : souvent, la nouvelle lune passe trop au-dessus ou au-dessous du Soleil. Parfois, la Lune réussit juste à grignoter le Soleil : l'éclipse est partielle.

Éclipse de Soleil.

ÉCLIPSE TOTALE !

Parfois aussi, l'alignement est parfait. Pour quelques minutes, la Lune masque complètement le Soleil : c'est l'éclipse totale. L'obscurité tombe soudain et le Soleil

Une éclipse annulaire de Soleil.

devient noir – en Chine ancienne, on pensait qu'il était avalé par un dragon. Mais, attention ! tout le monde n'est pas convié au spectacle ! Une éclipse totale de Soleil ne touche qu'une toute petite région de la Terre : celle caressée par l'ombre de la Lune.

Parfois enfin, l'alignement a beau être parfait, la Lune s'est avancée un pas de trop vers la Terre. Un mince anneau de Soleil reste alors visible : l'éclipse n'est pas totale, mais annulaire.

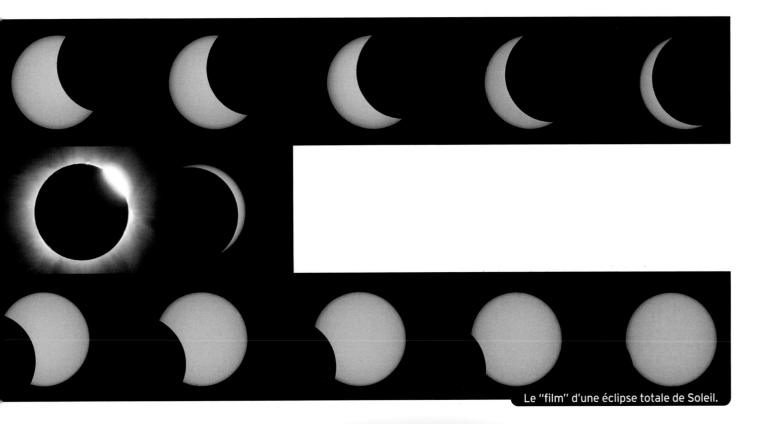

Le "film" d'une éclipse totale de Soleil.

Science ou fiction ?

LES ÉCLIPSES DU SOLEIL SE PRODUISENT EN PLEIN JOUR.

→**OUI.** Il faut bien que le Soleil soit dans le ciel pour que la Lune le cache ! Les éclipses de Lune, en revanche, surviennent durant la nuit (il faut que le Soleil soit "derrière" la Terre).

LA LUNE DERRIÈRE LA TERRE

Éclipse de Lune.

Les éclipses de Lune se produisent quand la Terre s'intercale entre la Lune et le Soleil. Ce n'est possible qu'à la pleine lune et, là encore, pas à chaque fois. Lors de ces éclipses, c'est au tour de la Lune de plonger dans l'ombre de la Terre. Elle devient sombre car la Terre lui cache le Soleil. Souvent, à cause des rayons solaires qui jouent sur l'atmosphère terrestre, elle prend une teinte rouge. Cette fois, où que l'on soit sur terre, du moment qu'il fait nuit, on peut admirer le spectacle.

Le "film" d'une éclipse de Lune.

SOUS LE CIEL ÉTOILÉ

Où l'on rencontre quelques habitants du ciel : des animaux, un Serpentaire et un Sagittaire, sans oublier une rivière de lait.

CIEL DES VILLES
ET CIEL DES CHAMPS

La nuit, à part la Lune et quelques étoiles brillantes, il n'y a pas grand-chose à voir dans le ciel des villes. En pleine campagne, le spectacle commence à valoir le détour : des milliers d'étoiles scintillent dans le ciel nocturne. De quoi perdre la tête !

LES CONSTELLATIONS

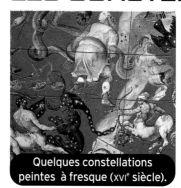

Quelques constellations peintes à fresque (XVIe siècle).

Pour se repérer dans le ciel, tous les peuples ont eu l'idée de regrouper certaines étoiles. Ces étoiles que l'esprit humain décide d'associer dans le ciel, ce sont les constellations.

Même si on les dessine reliées par un trait, rien ne les attache entre elles.

C'est juste un moyen commode de se repérer pour l'homme, et d'ailleurs les constellations sont différentes d'un peuple à un autre, sauf certaines qui sont vraiment évidentes comme la Grande Ourse.

Les étoiles ne bougent pas les unes par rapport aux autres ; les constellations ne changent donc pas, ce qui en fait des repères très pratiques. C'est vrai que, si on attend des centaines d'années, les étoiles auront un peu bougé, mais ce n'est pas le cas durant une vie humaine, qui est très courte.

La Voie lactée.

UN FLEUVE DE LAIT

Voici aussi la Voie lactée, cette grande traînée blanche qui traverse le ciel de l'été. On l'appelle aussi Galaxie, ce qui veut dire la même chose : lait ! En anglais, on dit pareil : *Milky Way* et en espagnol, *Vía láctea*.

Quand on regarde la Voie lactée avec un petit télescope, on s'aperçoit qu'elle est faite de milliers d'étoiles. Comme ces étoiles sont très éloignées de nous, notre œil n'arrive pas à les distinguer : nous ne voyons qu'une lueur blanche.

ASTRES VAGABONDS

La constellation du Lion sur une carte du XVIe siècle.

Parmi les neuf planètes du système solaire, cinq sont visibles à l'œil nu dans le ciel la nuit : Mercure, Vénus, Mars, Jupiter et Saturne.

Pas de recette infaillible pour les trouver à coup sûr. Si le mot planète veut dire "vagabond" en grec, c'est parce que les planètes ne se trouvent pas toujours dans la même position par rapport aux étoiles.

D'une nuit à l'autre, les planètes se déplacent par rapport au fond étoilé, comme le fait la Lune. Comment les trouver ? Il faut déjà bien connaître les constellations et surtout celles du zodiaque. Il y en a treize qui forment une large bande dans le ciel : Poissons, Bélier, Taureau, Gémeaux, Cancer, Lion,

Vierge, Balance, Scorpion, Ophiucus dit aussi le Serpentaire, Sagittaire, Capricorne, Verseau. Les planètes se trouvent toujours dans le zodiaque, et si on voit un point brillant qui se déplace d'une nuit à l'autre, on a repéré une planète. Peu de gens savent d'ailleurs que le mot zodiaque a la même origine que le mot "zoo" et fait référence aux animaux. Pas étonnant, avec toutes les bestioles qui peuplent cette partie du ciel !

Le Sagittaire représenté sur un manuscrit arabe du XVe siècle.

88 CONSTELLATIONS ET PAS UNE DE PLUS

Les constellations guident les marins et les astronomes. Depuis le début du siècle, il y en a 88 et c'est tout !

Carte céleste de l'hémisphère Nord.

La Grande Ourse.

DE LA GRANDE À LA PETITE OURSE

Pour visiter le ciel de l'hémisphère Nord, il faut suivre le guide, le Grand Chariot ou Casserole : en se tournant vers le nord, on ne peut pas rater ce groupe de sept étoiles brillantes, quatre disposées en forme de trapèze et trois autres alignées qui font le manche de la casserole. Ce n'est qu'une partie de la constellation plus vaste de la Grande Ourse, mais on l'appelle souvent Grande Ourse quand même.

Pointons maintenant les deux étoiles du petit côté de la casserole, à l'extrémité opposée au manche. Elles se nomment Dubhé et Mérak. Continuons de cinq fois la hauteur de la casserole : on arrive à une étoile assez faible. C'est l'étoile Polaire : elle indique la direction du Nord céleste. Elle se trouve à l'extrémité d'une constellation qui ressemble beaucoup, en plus petit, à la Grande Ourse, et qui se nomme... la Petite Ourse.

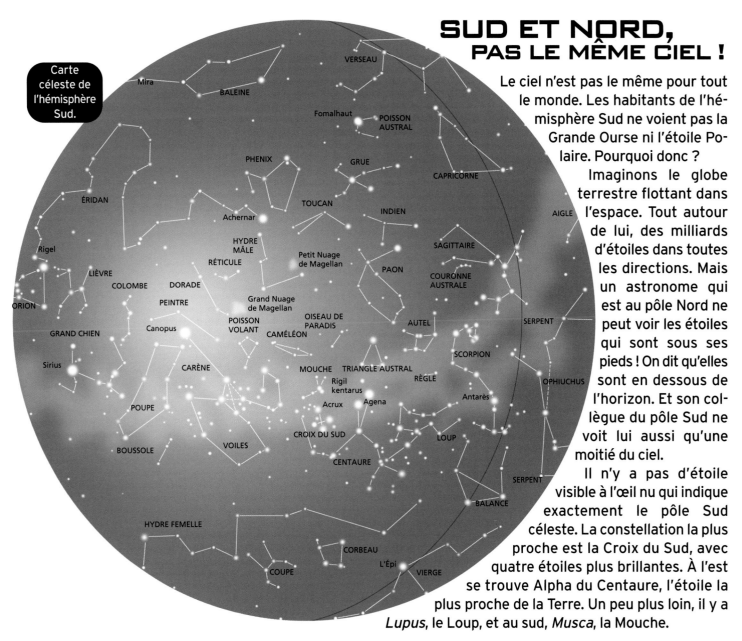

Carte céleste de l'hémisphère Sud.

Labels on the map: VERSEAU, Mira, BALEINE, Fomalhaut, POISSON AUSTRAL, PHENIX, GRUE, CAPRICORNE, AIGLE, ÉRIDAN, TOUCAN, INDIEN, Achernar, SAGITTAIRE, Rigel, HYDRE MÂLE, Petit Nuage de Magellan, PAON, COURONNE AUSTRALE, LIÈVRE, RÉTICULE, COLOMBE, DORADE, PEINTRE, Grand Nuage de Magellan, OISEAU DE PARADIS, AUTEL, SERPENT, ORION, POISSON VOLANT, CAMÉLÉON, GRAND CHIEN, Canopus, SCORPION, Sirius, CARÈNE, MOUCHE, TRIANGLE AUSTRAL, RÈGLE, OPHIUCHUS, Rigil kentarus, Antarès, POUPE, Acrux, Agena, CROIX DU SUD, LOUP, BOUSSOLE, VOILES, CENTAURE, SERPENT, BALANCE, HYDRE FEMELLE, CORBEAU, COUPE, L'Épi, VIERGE

SUD ET NORD, PAS LE MÊME CIEL !

Le ciel n'est pas le même pour tout le monde. Les habitants de l'hémisphère Sud ne voient pas la Grande Ourse ni l'étoile Polaire. Pourquoi donc ?

Imaginons le globe terrestre flottant dans l'espace. Tout autour de lui, des milliards d'étoiles dans toutes les directions. Mais un astronome qui est au pôle Nord ne peut voir les étoiles qui sont sous ses pieds ! On dit qu'elles sont en dessous de l'horizon. Et son collègue du pôle Sud ne voit lui aussi qu'une moitié du ciel.

Il n'y a pas d'étoile visible à l'œil nu qui indique exactement le pôle Sud céleste. La constellation la plus proche est la Croix du Sud, avec quatre étoiles plus brillantes. À l'est se trouve Alpha du Centaure, l'étoile la plus proche de la Terre. Un peu plus loin, il y a *Lupus*, le Loup, et au sud, *Musca*, la Mouche.

QUELQUES CONSTELLATIONS DE PLUS

Suivons maintenant le même bord de la casserole, mais vers le Sud : voici la constellation du Lion. Dans le prolongement du manche de la casserole, voici le Bouvier, qui contient une étoile très brillante nommée Arcturus.

Dans l'autre direction, on passe par le Lynx pour arriver à Castor et Pollux dans la constellation des Gémeaux (les jumeaux). Symétrique de la Grande Ourse par rapport à l'étoile Polaire, une constellation a la forme d'un W : on l'appelle Cassiopée.

ORION, LA FRONTIÈRE

D'après une légende grecque, Orion était un grand chasseur. Dans le ciel, Orion ressemble à un grand rectangle avec quatre étoiles brillantes, Bételgeuse, Bellatrix, Rigel et Saïph.

En son centre, trois étoiles alignées, le baudrier d'Orion. Comme le globe terrestre, le globe céleste a été séparé en deux hémisphères, nord et sud ; l'équateur céleste qui les sépare passe au niveau de ce baudrier. Orion est donc visible de partout sur la Terre.

Orion.

PLEINS FEUX
SUR LA LUMIÈRE

Sans la lumière, les astronomes ne sauraient rien, ou presque, de l'Univers. Ils doivent la capturer, puis l'étudier sous toutes les coutures pour qu'elle livre ses secrets.

Coucher de soleil aux Bahamas.

HUIT MINUTES DE DÉCALAGE

En fin de journée, au moment où on voit le Soleil disparaître à l'horizon, il est déjà couché depuis huit minutes ! Par quel prodige ?

Parce que la lumière qu'il nous envoie met huit minutes pour voyager jusqu'à la Terre. Nous le voyons donc toujours avec huit minutes de retard.

300 000 KM À LA SECONDE

La lumière va vite, très vite même : elle parcourt 299 792 kilomètres à la seconde (on arrondit souvent en disant 300 000). Rien, absolument rien dans la nature ne peut aller plus vite qu'elle.

Ce n'est pas le son qui dira le contraire. Il est beaucoup plus lent que la lumière : c'est pourquoi on voit toujours l'éclair lumineux de la foudre avant d'entendre le tonnerre.

Les rayons X servent à faire des radiographies.

Des éclairs dans le ciel de Tucson (Arizona).

Arc-en-ciel en Islande.

LUMIÈRES INVISIBLES

La lumière est le seul message qui nous arrive des astres. Or l'œil humain ne capte qu'une toute petite partie de ce message. Il ne voit que la lumière visible (comme son nom l'indique) et ses différentes couleurs : rouge, orangé, jaune, vert, bleu et violet.

De même qu'il existe des sons que l'oreille n'entend pas, comme les ultrasons, il existe des lumières invisibles à l'œil nu. Les rayons ultraviolets, comme ceux que le Soleil émet et qui sont dangereux pour notre peau, en font partie. Il y en a d'autres : les rayons gamma, les rayons X, les rayons infrarouges et les ondes radio. Les astronomes ont de précieux instruments pour recueillir toutes ces lumières : les télescopes.

SON ET LUMIÈRE

Comme le son, ou comme les ronds qui se forment dans l'eau quand on y jette un caillou, la lumière est une onde. Mais elle n'a pas besoin d'un "support" pour voyager, alors que les ronds ont besoin de l'eau pour exister et que le son a, lui aussi, besoin de matière (comme celle de l'eau ou celle de l'air) pour se propager. Donc, le son ne circule pas dans le vide de l'espace, mais la lumière, si.

Dans l'espace, on ne s'entend pas crier, mais on peut voir la lumière d'une lampe torche ! Et on voit les astres briller. Heureusement pour les astronomes !

Science ou fiction ?
LES ONDES RADIO SONT UNE LUMIÈRE.

◀ **OUI.** Si bizarre que cela paraisse. Si elles étaient un son, elles ne se propageraient pas dans le vide de l'espace (et on ne pourrait même pas être en liaison radio avec les sondes spatiales).

La Lune est à 380 000 kilomètres de nous, même si elle semble très proche sur cette photo.

UNE MESURE POUR LES ASTRONOMES

Prêt pour le plongeon dans le grand Univers ? Minute !
Aucun voyageur ne se lance comme ça sur les routes du ciel
sans avoir une petite idée des distances qu'il va parcourir.

C'EST ENCORE LOIN, L'UNIVERS ?

Dans la vie de tous les jours, le mètre est une unité de mesure largement suffisante, que l'on veuille connaître les dimensions des pièces de sa maison ou savoir que la boulangerie est à 100 mètres de chez soi. Mais, dès qu'on voyage un peu, les kilomètres deviennent plus commodes !

Avec le kilomètre (égal à 1 000 mètres) comme unité de mesure, on peut faire le tour de la Terre : 40 000 kilomètres. On peut décrocher la lune, à 380 000 kilomètres de nous. On peut même se dorer au soleil. Certes, le Soleil est très loin de la Terre, mais les kilomètres suffisent encore pour évaluer sa distance : il en faut "juste" 150 millions !

En fait, dans tout le système solaire, les kilomètres fonctionnent.

BALLONS DE FOOT ET GRAIN DE POIVRE

Quarante-cinq millions de millions de kilomètres : la distance qui nous sépare d'Alpha du Centaure est déjà fantastique ! Pour s'en rendre vraiment compte, imaginons que, d'un coup de baguette magique, on rapetisse tout. Le Soleil et Alpha du Centaure sont à présent grands comme des ballons de football. À cette échelle, ils sont encore séparés par 9 000 kilomètres. Un ballon de foot à Paris, l'autre à Rio de Janeiro : on ne peut pas dire que le Soleil soit gêné par sa voisine ! Quant à la Terre, elle a maintenant la taille d'un grain de poivre, situé à 30 mètres du ballon-Soleil. La Lune, plus petite qu'une tête d'épingle, tourne à 8 centimètres de la Terre.

MILLE MILLIARDS DE KILOMÈTRES

Mais dès qu'on arrive à la première étoile, tout se corse. L'étoile la plus proche de nous s'appelle Alpha du Centaure, et elle se trouve trois cent mille fois plus loin que le Soleil ne l'est de nous. Autrement dit, elle est à 45 millions de millions (ou 45 milliers de milliards, c'est pareil) de kilomètres, ce qui n'est plus du tout facile ni à compter, ni à prononcer. Et encore, il s'agit de la plus proche, alors que dire de toutes les autres ? L'étoile Polaire, elle, se situe à 4 000 millions de millions de kilomètres. Stop !

BONNE ANNÉE-LUMIÈRE !

Les astronomes attraperaient le tournis s'ils jonglaient comme cela tout le temps avec les millions de millions de kilomètres. Heureusement, ils ont inventé une unité de mesure beaucoup plus pratique dès qu'on quitte le système solaire : l'année-lumière.

L'année-lumière est la distance que la lumière parcourt en un an. Elle vaut 10 millions de millions de kilomètres. Avec elle, tout devient simple : Alpha du Centaure se trouve à 4 années-lumière et demie, et l'étoile Polaire à 400 années-lumière. Pour aller jusqu'au bout de l'Univers connu, il faudra au moins parcourir 10 milliards d'années-lumière. Mais, chut, nous n'en sommes pas là...

Science ou fiction ?
L'ANNÉE-LUMIÈRE EST UNE DISTANCE.

Oui. Même si son nom ne l'indique pas. À cause du mot "année", on croit souvent qu'elle mesure un temps !

Le match Terre-Soleil

La Terre tourne autour du Soleil. Mais, pendant très longtemps, tout le monde a cru que c'était l'inverse ! Tout le monde ? Non ! Une petite poignée d'irréductibles ont résisté à cette idée.

Premier round

Le Soleil le jour, les étoiles et les constellations la nuit : vu de la Terre, le ciel tout entier semble tourner autour de nous. Pas étonnant que les hommes aient longtemps cru que notre planète se trouvait pile au centre de ce manège géant ! Dans l'Antiquité, les savants grecs imaginaient que la Terre, majestueuse et immobile, trônait au centre du monde. Le Soleil lui tournait autour, tout comme la Lune et les planètes, chacun sur un cercle bien rond. Forcément, on ne pouvait pas expliquer tout ce qui se passe dans le ciel avec ce système. Mais, bon, il suffisait de le bricoler un peu pour que tout s'arrange et que, surtout, la Terre reste au centre.

Deuxième round

Au IIIe siècle avant Jésus-Christ, le Grec Aristarque de Samos essaie de calculer la taille du Soleil. Il trouve que celui-ci est bien plus gros que la Terre. "Une grosse boule qui pirouette autour d'une boule plus petite ? En quel honneur ?" se dit-il. "Ce n'est pas logique !"

Il imagine alors que le Soleil occupe le centre du monde, et que la Terre tourne autour de lui. Son idée n'emballe pas les foules. Pendant 1 700 ans, personne ne s'en soucie et la Terre reste au centre.

Troisième round

En 1543, l'astronome polonais Nicolas Copernic hésite. Il a 70 ans, mais il hésite encore. Va-t-il publier son livre ? C'est si énorme, si important ! Toute sa vie, il a observé le ciel, fait et refait des calculs, pour arriver à la même conclusion qu'Aristarque de Samos, 1 700 ans avant lui : la Terre tourne sur elle-même et tourne autour du Soleil, comme les autres planètes. Quand Copernic meurt, le livre où il affirme cette extraordinaire vérité n'est même pas prêt. Dans peu de temps, il va pourtant bouleverser le monde. Copernic entrera dans l'histoire comme celui qui a donné sa vraie place au Soleil.

Quatrième round

En 1609, une nouvelle invention fait fureur en Europe : la lunette, un long tube muni de lentilles de verre, est tout bonnement prodigieuse pour espionner les armées ou les vaisseaux ennemis ! Le savant italien Galileo Galilei, dit Galilée, est le premier à s'en servir pour observer le ciel. Entre autres merveilles, il découvre que la planète Jupiter n'est pas seule : quatre petits satellites tournent autour d'elle comme la Lune autour de la Terre. C'est la preuve que tout ne tourne pas autour de la Terre ! Le monde imaginé par les Anciens ne vaut rien !

Galilée crie à qui veut l'entendre que Copernic avait raison, et que seuls les imbéciles croient le contraire. Mais l'Église catholique, toute-puissante à l'époque, se fâche. En 1633, elle le convoque à un fameux procès. Pour éviter de sérieux ennuis, Galilée est obligé d'affirmer en public qu'il renonce à ses "idées stupides". Mais c'est trop tard, la Terre ne peut plus gagner...

Le sacre du Soleil, enfin...

En 1609, en effet, l'Allemand Johannes Kepler, partisan du système de Copernic, a affirmé que les planètes tournent bien autour du Soleil, mais pas sur des cercles : elles suivent des ellipses, des sortes d'ovales qui font que tantôt elles s'ap-

prochent du Soleil, tantôt elles s'en éloignent. Et plus elles sont près du Soleil, plus elles circulent vite. Ce qui est exact, et explique bien mieux le mouvement des planètes dans le ciel que le modèle des Anciens.

Légendes du monde

Que ce soit en Afrique ou en Grèce, le ciel a longtemps été le royaume des dieux et des déesses.

Le coup d'éclat de la Lune

Au Mozambique, en Afrique, on raconte que, il y a très longtemps, la pâle Lune enviait terriblement le Soleil et ses grandes plumes dorées, qui rayonnaient de lumière. Un jour qu'elle était dans le ciel à ses côtés, elle réussit à lui en chiper quelques-unes. Elle s'en coiffa aussitôt et se mit à briller comme jamais. Mais voyant cela, le Soleil entra dans une colère noire et, ramassant une grosse poignée de boue, la lui jeta au visage. Depuis, la Lune n'a jamais pu nettoyer cette crasse qui lui colle à la peau.

Couverte de taches, et bien plus terne qu'avant, elle n'a plus qu'une idée en tête : se venger. De temps à autre, au moment où le Soleil s'y attend le moins, splash ! elle l'asperge à son tour de boue bien grasse. Alors la nuit s'abat d'un coup sur la Terre, et les hommes comme les animaux frissonnent à la vue de ce Soleil devenu tout sombre : c'est l'éclipse.

Égypte : quand la Lune perdit aux dés

Le premier calendrier égyptien comptait 12 mois de 30 jours : raté, ça ne fait que 360 jours ! Les Égyptiens ont donc ajouté 5 jours, et voici la légende qui explique pourquoi. Nout, la déesse du Ciel, avait épousé en secret le dieu-Terre, Geb. Rê, le dieu du Soleil, en était très fâché, et jeta un sort sur Nout pour l'empêcher d'avoir des enfants. Et il ajouta : "quel que soit le mois ou l'année". Nout alla se plaindre à Thot, le dieu à tête d'ibis. Thot est le maître de l'arithmétique, du temps et du calendrier, et comme il se doit,

c'est aussi le protecteur de la Lune. Thot entama une partie de dés avec la Lune, et la gagna. Alors, il demanda à la Lune un soixante-douzième de sa lumière, et il s'en servit pour faire cinq jours qu'il ajouta aux 360 que comptait alors l'année. Et, bien sûr, Nout profita de ces cinq jours pour donner naissance à cinq enfants : Osiris, Haroeris, Seth, Isis et Nephthys. Ce que l'histoire ne dit pas, c'est qu'il manquait encore un quart de jour à ce calendrier. Comme il date de −4236 et a été utilisé jusqu'au début de notre ère, les Égyptiens ont largement eu le temps de s'en apercevoir, mais ils n'en ont jamais changé !

Drame chez les dieux grecs

Colériques, jaloux, bagarreurs, les dieux grecs n'étaient pas des anges ! Apollon, par exemple, le dieu du Soleil, n'appréciait pas du tout que sa sœur Artémis, déesse de la Chasse, soit tombée amoureuse du géant Orion. Passe encore qu'elle ne tire plus à l'arc. Mais que, perdue dans ses pensées, elle oublie d'éclairer la nuit alors qu'elle était aussi déesse de la Lune, c'était impardonnable ! Un jour que Orion venait de piquer une tête dans l'océan, Apollon brilla plus fort que d'habitude, inondant la Terre d'une lumière aveuglante. Puis il appela sa sœur et lui montra le petit point qui flottait sur la mer. "Tu as dû perdre la main", lui dit-il. "Jamais tu ne pourras toucher cette cible avec une flèche." Vexée, Artémis prit son arc, visa... et mit dans le mille. Quand elle comprit qu'elle venait de tuer Orion, elle devint folle de douleur. Elle le plaça dans le ciel pour qu'il soit admiré par tous (Orion est l'une des constellations les plus célèbres, visible sous toutes les latitudes). Mais elle continua de pleurer la mort du géant : c'est pourquoi la Lune est pâle et sans éclat.

Le ciel à l'honneur

D'étranges constellations et des croissants de lune un peu bizarres : ce qu'on voit sur les drapeaux a de quoi faire frémir les astronomes !

Étoiles à cinq, six, et même sept branches : il y a bien des étoiles sur les drapeaux. Mais comme ces constellations sont bizarres ! Douze étoiles bien rangées en cercle comme sur le drapeau de l'Union Européenne, en demi-cercle pour celui du

Australie

Algérie

Venezuela

Venezuela... Cela ne ressemble guère à ce que l'on voit dans le ciel. Une exception : sur le drapeau de trois pays de l'hémisphère Sud, Australie, Nouvelle-Zélande et Papouasie - Nouvelle Guinée, une vraie constellation céleste, tout à fait officielle, la Croix du Sud. C'est la constel-

Nouvelle-Zélande

Tunisie

lation la plus proche du pôle Sud céleste, un peu comme l'étoile Polaire indique le pôle Nord céleste. Curieusement, les Australiens y voient deux étoiles de plus que les Néo-Zélandais ! Aurait-on la vue plus perçante en Australie ? Le Soleil est à l'honneur, au Japon "pays du Soleil-

Papouasie - Nouvelle-Guinée

Japon

Union européenne

Révolutionnaire : le calendrier républicain

Après la Révolution française (en 1792), on décida de faire table rase du calendrier, d'oublier ces vieilles histoires qui dataient de Jules César et du pape Grégoire XIII et, surtout, de ne plus utiliser les noms de saints pour désigner les jours de l'année. Il fut donc décidé :

1) de commencer l'année à l'équinoxe d'automne ;
2) d'avoir 12 mois de 30 jours groupés en 3 décades de 10 jours, ce qui fait 360 ;
3) de finir l'année avec 5 ou 6 jours complémentaires ;
4) de donner à chaque jour le nom d'un produit agricole au lieu de celui d'un saint (il y avait le jour ''charrue'', le jour ''pressoir'').

Les noms des mois devaient rappeler les saisons et les travaux des champs. Il y avait, dans l'ordre : pour l'automne, vendémiaire, brumaire, frimaire ; pour l'hiver, nivôse, pluviôse, ventôse ; pour le printemps, germinal, floréal, prairial ; et pour l'été, messidor, thermidor, fructidor. Ce calendrier se voulait universel, mais on avait oublié une petite chose : les saisons de l'hémisphère Sud sont inversées par rapport à celles de l'hémisphère Nord...

Le calendrier républicain a été en usage jusqu'au 1er juillet 1806, mais il n'a jamais vraiment été accepté. D'autres réformes de cette époque ont fini par prendre, comme celle du système métrique, mais il a fallu longtemps !

Levant''. Les croissants de lune ont inspiré beaucoup de pays. Le croissant de lune a d'abord été l'emblème de l'Empire ottoman, puis celui de la plupart des pays musulmans. Un joli symbole, mais parfois pas très exact du point de vue de l'astronome : la Lune n'est pas ''creuse'', et ce serait bien étonnant d'arriver à voir une étoile entre les cornes du croissant, comme sur le drapeau de la Tunisie! Et si on veut vraiment chercher la petite bête, ces croissants de lune ont bien souvent des cornes un peu trop longues : un vrai croissant céleste a la pointe de ses cornes située aux deux extrémités d'un diamètre du disque lunaire. Sur le drapeau de l'Algérie, les cornes du croissant se touchent presque ; et ça, personne ne le verra jamais dans le ciel !

EN BREF

Où rencontrer à la fois Aristarque, Copernic, Galilée et Kepler ?
Sur la Lune : ils ont tous donné leur nom à un cratère lunaire.

VENTOSE

Le mois de ventôse du calendrier révolutionnaire commençait le 19, le 20 ou le 21 février et finissait le 20 ou le 21 mars.

Les mots du ciel

On demande quelquefois la lune ?
On dort aussi parfois à la belle étoile ? Mais
dans quelles circonstances fait-on un soleil ?

La lune

ÊTRE DANS LA LUNE : être rêveur
ÊTRE MAL LUNÉ : être de mauvaise humeur
UN COUP DE PIED À LA LUNE : un plongeon où les pieds partent en premier vers le ciel
DEMANDER, PROMETTRE LA LUNE : demander quelque chose d'impossible
LUNATIQUE : d'humeur changeante
TOMBER DE LA LUNE (OU TOMBER DES NUES) : être très surpris
DÉCROCHER LA LUNE : réussir quelque chose de très difficile
UNE LUNE DE MIEL : le mois après le mariage...
DEPUIS DES LUNES : depuis bien longtemps

Le soleil

UN SOLEIL DE PLOMB : quand il fait vraiment très chaud
FONDRE COMME NEIGE AU SOLEIL : disparaître très rapidement
RIEN DE NOUVEAU SOUS LE SOLEIL : se dit quand quelque chose n'a rien d'extraordinaire
SE FAIRE UNE PLACE AU SOLEIL : réussir dans les affaires
LE SOLEIL BRILLE POUR TOUT LE MONDE : tout le monde a droit à sa chance

Le ciel

GRÂCE AU CIEL : heureusement

À CIEL OUVERT : un bâtiment qui n'a pas de toit

REMUER CIEL ET TERRE : chercher quelque chose par tous les moyens

TOMBER DU CIEL : arriver sans prévenir

ÊTRE AU SEPTIÈME CIEL : être très heureux

ENTRE CIEL ET TERRE : en l'air

Le jour

COULER DES JOURS HEUREUX : avoir une vie sans histoires

BEAU COMME LE JOUR : vraiment très beau !

C'EST CLAIR COMME LE JOUR : c'est évident

C'EST LE JOUR ET LA NUIT : se dit de choses opposées

FAIRE QUELQUE CHOSE AU GRAND JOUR : sans se cacher du tout

Les étoiles

BEAU COMME UN ASTRE : vraiment magnifique !

ETRE NÉ SOUS UNE BONNE (UNE MAUVAISE) ÉTOILE : avoir de la chance (de la malchance)

DORMIR À LA BELLE ÉTOILE : dormir dehors

AVOIR CONFIANCE EN SON ÉTOILE : avoir confiance en sa chance

SOLA

LE SYSTEME
IRE

Avec ses sœurs les planètes, et ses cousins, astéroïdes ou comètes, notre terre fait partie d'une grande tribu : celle du système solaire.

NEUF PLANÈTES ET UN SOLEIL

Elles sont toutes nées presque en même temps, mais ce sont de fausses jumelles : quelle variété dans les planètes du système solaire, leur taille et leur aspect !

UNE GRANDE FAMILLE

Neuf sœurs, neuf planètes : dans l'ordre, en partant du Soleil, Mercure, Vénus, la Terre, Mars, Jupiter, Saturne, Uranus, Neptune et Pluton. On connaît les six premières depuis l'Antiquité car elles sont visibles à l'œil nu. Les autres ont été découvertes grâce à des télescopes.

Pour qu'un astre mérite le nom de planète, il faut deux choses : un, qu'il tourne (on dit qu'il "gravite" ou qu'il est "en orbite") autour du Soleil ; deux, qu'il ait une certaine taille. Car il y a des millions de petits cailloux et de gros rochers qui gravitent autour du Soleil, les astéroïdes. Ils sont trop petits pour mériter le nom de planètes. N'oublions pas les comètes : elles aussi tournent autour du Soleil.

Truc utile

Deux phrases pour se rappeler le nom des planètes dans l'ordre : la première lettre de chaque mot est l'initiale du nom d'une planète, ce qui fait MVTMJSUNP.
Maman Viendras-Tu Manger Jeudi Sur Une Nappe Propre ?
Mon Vaisseau T'emmènera Marcher Jeudi Sur Une Nouvelle Planète.

Neptune

Pluton

Soleil

Terre

Saturne

Mars

Vénus

Mercure

Jupiter

Uranus

Mercure

Vénus

Terre

Pluton

Mars

ÉTOILE OU PLANÈTE ?

On confond quelquefois les deux mots. Mais ce n'est pas du tout la même chose : une étoile émet de la lumière, alors qu'une planète n'est pas lumineuse par elle-même.

Sans une étoile pour l'éclairer, on ne risque pas de voir une planète !

LE GRAND MANÈGE

Ce système solaire donne vraiment le tournis. Toutes les planètes tournent autour du Soleil, et toutes dans le même sens. Plus elles sont loin du Soleil, plus elles mettent de temps à boucler le tour (on appelle cela une révolution !) : un quart d'année terrestre pour Mercure, contre presque 250 ans pour Pluton. Elles tournent aussi toutes sur elles-mêmes comme des toupies. Les planètes géantes font ça à une allure folle : Jupiter ne met que 0,41 de nos jours terrestres à se retourner, alors que les planètes rocheuses sont plus raisonnables. La plus lente est Vénus, avec 243 jours, et en plus elle tourne dans le sens inverse de toutes les autres...

Jupiter

Saturne

Uranus

Neptune

PLANÈTES DE ROCHES

Mercure, Vénus, la Terre, Mars sont les quatre planètes rocheuses. Ce sont les plus proches du Soleil : elles sont petites et ont un sol rocheux.

SUR LE MODÈLE DE LA TERRE

Le modèle des planètes rocheuses, c'est la Terre. Au centre, une "graine" de métal solidifié ; autour, le noyau, liquide et métallique.

Vient ensuite le manteau constitué de roches très pâteuses. Puis la croûte solide, épaisse de quelques kilomètres sous les océans et de 30 kilomètres sous les continents. Pour les autres planètes, seuls les ingrédients changent : une graine un peu plus grosse, une croûte plus épaisse...

La croûte des planètes rocheuses porte toutes sortes de cicatrices : des volcans, des failles et des falaises. Ces reliefs sont là presque pour l'éternité sur une planète sans atmosphère comme Mercure, mais vont disparaître sur la Terre, effacés par le vent et la pluie.

Mercure

ATMOSPHÈRES

À part Mercure, les trois autres planètes rocheuses ont une atmosphère. Celle de Vénus et Mars contient beaucoup de gaz carbonique, celle de la Terre est composée d'azote et surtout d'oxygène. Ce sont les êtres vivants, plantes et animaux, qui ont modifié la composition de l'atmosphère de la Terre et lui ont donné de l'air respirable.

Mars

La Terre

CHAUD ET FROID

Pourquoi ces quatre planètes sont-elles à la fois semblables et différentes ? Deux raisons : leur taille et leur distance au Soleil. Les scientifiques pensent que, pour qu'une planète puisse abriter la vie, il faut qu'il puisse y avoir de l'eau sous forme liquide. Donc la température ne doit ni dépasser 100 °C, ni descendre en dessous de 0 °C. Bien sûr, plus on est près du Soleil, plus ça chauffe !

À 45 millions de kilomètres du Soleil, Mercure est bien trop près ; en plus, elle est trop petite pour retenir une atmosphère. Vénus n'a pas ce problème de taille, mais elle est toujours trop près du Soleil, à 108 millions de kilomètres. Mars est trop loin, donc trop froide. L'histoire de Vénus, Mars et la Terre fait penser à celle de Boucle d'or : une des planètes était trop chaude, l'autre trop froide, et la dernière, la Terre, à 150 millions de kilomètres du Soleil, était juste bien.

...Parmi les planètes rocheuses, Vénus est la plus chaude, et Mars la plus fraîche.

MERCURE, ENTRE GLACE ET FEU

Cette face criblée de cratères, ce n'est pas la Lune, mais Mercure. La planète la plus proche du Soleil est un véritable enfer : pas d'atmosphère, des températures qui varient entre – 170 °C la nuit et 430 °C le jour...

D'ailleurs, une seule mission, Mariner 10 en 1974-1975, est allée explorer cette planète cuite et recuite par le Soleil. Comme pour la Lune, les cratères sont la trace d'impacts de météorites.

Il y a aussi des hautes falaises, qui sont dues au refroidissement de la planète : Mercure est ridée exactement comme une pomme cuite au four !

Le sol de Mercure.

VÉNUS, LA PLANÈTE VOILÉE

Vénus a une atmosphère, mais c'est une épaisse purée, bouillante et acide ! Prévisions météo : pression atmosphérique, 90 fois la pression terrestre ; température de cette douce journée, 460 °C. Le vent en altitude atteindra les 400 km/h...

Les nuages qui entourent cette planète sont si épais qu'au télescope, on ne peut rien deviner de la surface de Vénus. Des sondes spatiales ont fait des cartes de la surface en utilisant des sortes de radars. On sait ainsi que Vénus abrite des quantités de volcans sans doute éteints, ainsi que des cratères d'impact.

Vue d'un volcan sur Vénus.

Ci-dessus : La planète Terre. Ci-dessous : La planète Mars.

LA TERRE, LA PLANÈTE BLEUE

Voici la troisième planète à partir du Soleil. Un paradis, cette Terre : températures variées mais pas extrêmes, atmosphère d'azote avec un quart d'oxygène, et surtout eau à profusion. Tiens, contrairement aux autres, elle a un satellite vraiment très gros : la Lune !

MARS, LE DÉSERT ROUGE

Cette boule rouge deux fois plus petite que la Terre serait plutôt sympathique. Mais son atmosphère, vraiment très mince, est faite de gaz carbonique sans une trace d'oxygène. Sans parler de la température : -50 °C en moyenne... Pas question de se promener sans scaphandre bien chauffé. Car il n'est pas impossible que des êtres humains aillent faire un tour sur Mars d'ici à la fin du XXIe siècle. En attendant, les sondes spatiales se succèdent autour de la planète rouge ; elles se posent même sur son sol. Même si Mars est une planète morte et que plus personne ne pense y trouver ni "petits hommes verts", ni même des insectes ou des microbes, elle intéresse quand même beaucoup les scientifiques.

Il y a très longtemps, le climat était sans doute assez clément sur Mars pour qu'elle ait de l'eau liquide à la surface, et peut-être assez pour qu'apparaissent des êtres vivants très simples. Le premier astronaute trouvant un fossile sur Mars a gagné la palme !

PLANÈTES GAZEUSES

Bienvenue au royaume des planètes géantes : Neptune, Saturne, Uranus et Jupiter. Comme ce sont d'énormes boules de gaz, on les appelle aussi les planètes gazeuses.

En chiffres

Les masses des quatre géantes prises ensemble constituent plus de **99 %** de celle de toutes les planètes. À elle seule, la masse de Jupiter représente **70 %** de celle des neuf planètes du système solaire réunies.

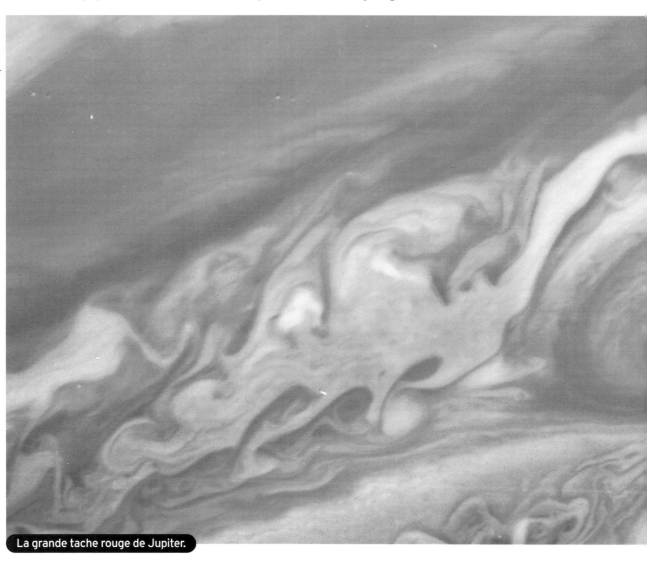

La grande tache rouge de Jupiter.

QUATRE GÉANTES VRAIMENT GÉANTES !

Notre planète la Terre prend des allures de petit moucheron quand on la compare à ses sœurs les géantes : Jupiter est onze fois plus grande qu'elle, Saturne neuf fois, Uranus et Neptune quatre fois ! En plus, elles sont toutes les quatre entourées d'un cortège de satellites qui les fait ressembler à des systèmes solaires en miniature, et toutes les quatre possèdent des anneaux.

Aucune planète rocheuse ne peut rivaliser avec elles !

DES NUAGES DE GAZ TOXIQUE

Une planète géante, c'est avant tout une atmosphère très épaisse. Une atmosphère, donc du gaz, et surtout de l'hydrogène (l'élément le plus abondant dans le cosmos), avec un peu d'hélium (le deuxième élément le plus abondant après l'hydrogène).

Plus on s'enfonce dans cette enveloppe de gaz, plus la brume s'épaissit, au point de devenir une vraie purée de pois ! Il flotte par endroits de la vapeur d'eau, mais aussi des nuages beaucoup moins sympathiques : ils sont chargés de méthane et d'ammoniac (deux gaz qui, à forte dose, sont toxiques pour les humains).

Saturne

DES NOYAUX PLUS GROS QUE LA TERRE

Qu'y a-t-il sous le gaz ? Il n'est pas facile du tout de répondre à cette question : les entrailles des quatre géantes restent encore bien mystérieuses.

Imaginons qu'un petit robot particulièrement résistant descende dans les profondeurs d'une de ces planètes : passé un certain point, le robot ne trouvera plus de gaz, mais des couches liquides. Beaucoup plus bas encore, il butera sur un noyau. Les noyaux des planètes géantes sont tous plus gros que la Terre. Leur température dépasse allègrement les... 10 000 °C ! Ils doivent ressembler à une mixture de roches fondues.

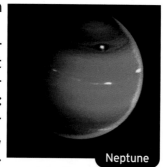

Neptune

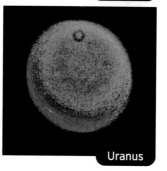

Uranus

TEMPÊTES ET OURAGANS

Étudier les planètes géantes, c'est un peu faire de la météorologie.

Leurs atmosphères sont souvent turbulentes, et il peut y souffler des vents très violents : sur Saturne, ils font des pointes à 1 400 km/h (sur la Terre, à partir de 94 km/h, c'est la tempête). Parfois, ces vents se mettent à tourbillonner et forment des cyclones géants.

La grande tache rouge de Jupiter, bien visible dans l'hémisphère Sud de la planète, est ainsi un gigantesque ouragan que les astronomes observaient déjà il y a trois cents ans. La Terre tiendrait facilement dedans.

LE SYSTÈME SOLAIRE

... Les quatre planètes géantes ont chacune leur personnalité.

Saturne est connue pour ses anneaux. Elle a 36 satellites.

SATURNE, CELLE QUI FLOTTERAIT SUR L'EAU

Saturne (36 satellites) rivalise en majesté avec Jupiter, à laquelle elle ressemble d'ailleurs beaucoup, même si elle est un peu plus petite. Comme Jupiter, elle chauffe de l'intérieur et son atmosphère est agitée : en 1990, une gigantesque tempête a dévasté son équateur !

L'atmosphère de Saturne contient plus d'hydrogène que celle de Jupiter. Or l'hydrogène est un élément très léger (le plus léger existant, même). Du coup, Saturne est moins dense que l'eau : s'il existait un océan d'eau assez vaste pour l'accueillir, elle flotterait dessus.

URANUS, LA PLANÈTE COUCHÉE

Uranus (21 satellites) ne révèle pas grand-chose à ses observateurs ! Elle ne chauffe pas de l'intérieur ; son atmosphère est moins épaisse que celle des autres géantes, et plutôt calme. Si les astronomes ne s'expliquent pas vraiment cette particularité, ils ne comprennent pas non plus un autre mystère : pourquoi la planète est pratiquement couchée sur sa trajectoire. En tournant sur elle-même et autour du Soleil, la Terre, par exemple, ressemble à une toupie, avec juste un petit air penché. Uranus, elle, semble plutôt rouler à la manière d'une boule : elle a carrément basculé et son axe est presque dans le plan de sa trajectoire.

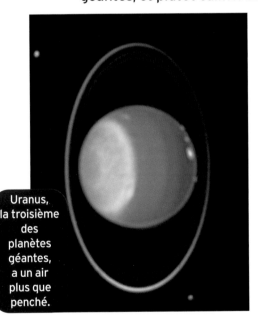

Uranus, la troisième des planètes géantes, a un air plus que penché.

JUPITER, LA GÉANTE À RAYURES

Jupiter, la plus grosse planète du système solaire, domine toutes les autres par sa présence imposante. Elle règne sur une cour de 30 satellites. Cette géante parmi les géantes n'a pas fini de se refroidir depuis sa naissance. Résultat : elle chauffe de l'intérieur ; c'est pour cette raison qu'elle a une atmosphère très agitée. Mais Jupiter pivote aussi sur elle-même à une vitesse folle (elle fait un tour en 10 heures). Ce mouvement très rapide entraîne ses nuages et les étire en longues bandes parallèles à son équateur. Voilà pourquoi elle a l'allure d'une planète rayée.

Les rayures de Jupiter sont des nuages.

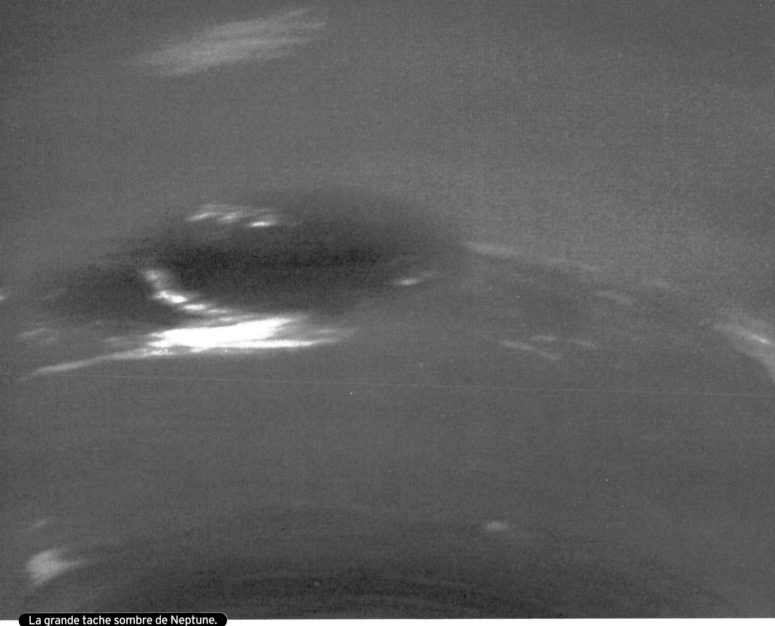
La grande tache sombre de Neptune.

NEPTUNE, L'AUTRE PLANÈTE BLEUE

Neptune (8 satellites) ressemble beaucoup à Uranus par sa taille, mais, tout comme Jupiter et Saturne, elle chauffe de l'intérieur et son atmosphère est agitée de vents violents. Pendant un temps, un immense ouragan, connu sous le nom de grande tache sombre, est apparu dans son atmosphère.

Mais la tache a aujourd'hui disparu : l'ouragan s'est apaisé... Quant à sa belle couleur bleue (assez semblable à celle d'Uranus), Neptune ne la doit pas à l'eau, comme la Terre, mais à un gaz : le méthane.

Science ou fiction ?
URANUS ET NEPTUNE ÉTAIENT CONNUES DANS L'ANTIQUITÉ.

NON. Pendant très longtemps, Saturne fut considérée comme la dernière planète du système solaire ! Uranus n'a été découverte qu'en 1781, et Neptune en 1846.

AU CLAIR DE LA LUNE

La Lune, notre satellite, nous escorte depuis bien longtemps. Mais ce n'est que depuis les missions Apollo qu'on la connaît vraiment.

Les mers de la Lune forment des taches sombres.

DES "MERS" SANS EAU

Quand la Lune est pleine, une chose saute tout de suite aux yeux : les grandes taches sombres visibles à sa surface. Les premiers observateurs les ont appelées des "mers". Mais les mers de la Lune ne contiennent pas d'eau.

Ce sont d'immenses plaines que la lave, jaillie des profondeurs lunaires, a remplies il y a 3 milliards d'années. Comparées aux mers, les autres régions de la Lune paraissent plus claires. Ces "continents" sont hérissés de chaînes de montagnes et criblés de cratères d'impact (ils en ont beaucoup plus que les mers, ce qui veut dire qu'ils sont plus vieux).

Ci-dessus : Lever de terre vu de la Lune.

À droite : Le sol lunaire, couvert de poussière et criblé de cratères.

En chiffres

La Lune a un diamètre de

3476 KM

(c'est quatre fois moins que la Terre). Comme les planètes rocheuses, elle possède une croûte, un manteau et, peut-être, un noyau de fer.

GLACE OU PAS GLACE ?

Existe-t-il de la glace sur la Lune, bien cachée au fond de certains cratères qui ne voient jamais le Soleil ?

Mystère, mystère. Annoncée en 1996, la nouvelle a été confirmée en 1998 par la sonde Lunar Prospector.

Oui, mais pour en avoir le cœur tout à fait net, les scientifiques avaient décidé d'envoyer la sonde s'écraser sur la Lune, et elle n'a rien détecté de plus.

DES PAS DANS LA POUSSIÈRE

Le premier homme à poser le pied sur la Lune fut Neil Armstrong, le 21 juillet 1969, lors de la mission Apollo 11.

De 1969 à 1972, douze astronautes américains ont marché sur notre satellite. Ils en ont rapporté 385 kilos de roches (leur analyse a permis par exemple de savoir que, plus un terrain est couvert de cratères, plus il est vieux). Depuis, personne n'est retourné sur la Lune. Les empreintes de pas des astronautes y sont toujours, car il n'y a pas de vent pour les effacer.

La Lune n'a pas d'atmosphère : les astronautes doivent porter un équipement spécial.

UN MONDE SANS DÉFENSES

La Lune n'a pas d'atmosphère pour la protéger des attaques des cailloux cosmiques. Résultat : elle s'est fait bombarder tout au long de son histoire. Les impacts ont même pulvérisé les roches de sa surface : elle est recouverte d'une couche de poussière, faite de tout petits débris. Exposé sans protection aux rayons du Soleil, son sol "grille et gèle" sans interruption. La température varie entre 110 °C le jour et - 170 °C la nuit.

Science ou fiction ?
LA LUNE POSSÈDE UNE FACE CACHÉE.

➤ **OUI.** Comme la Lune met exactement le même temps à tourner sur elle-même qu'autour de la Terre, elle nous montre toujours la même face. L'autre s'appelle la face cachée. Des photographies prises par des sondes spatiales montrent qu'elle est grêlée de cratères et présente peu de mers.

LA GRANDE FOIRE AUX SATELLITES

Petits ou gros, rocheux ou glacés, des satellites tournent autour de presque toutes les planètes du système solaire.

Ganymède, vu de près par la sonde Galileo.

Io

Europe

Callisto

Ganymède

Les quatre satellites découverts par Galilée.

TOUT COMMENÇA AVEC GALILÉE

À part la Lune évidemment, les satellites des planètes sont trop petits ou trop lointains, ou les deux, pour être vus à l'œil nu. C'est l'astronome italien Galilée qui découvrit les tout premiers, en 1610, quand il observa Jupiter à la lunette et remarqua le quatre gros satellites qui tournaient autour. Un peu plus tard, on baptisa ces lunes Io, Europe, Ganymède et Callisto, mais on les appelle aussi les "satellites galiléens", en l'honneur de leur découvreur.

Plus près de nous dans le temps, de nombreux petits satellites des quatre planètes géantes ont été repérés par les sondes américaines Voyager 1 et Voyager 2 qui, dans les années 1980, ont survolé ces mondes lointains. Et ce n'est pas fini ! La preuve : au début de l'année 1997, Saturne avait 18 satellites, Uranus 17, et Jupiter 16. Mais, depuis, les astronomes en ont découvert d'autres (certains d'entre eux sur une vieille photo prise en 1986 par la sonde Voyager 2 !) : 4 de plus pour Uranus, 14 pour Ju-

piter et 18 pour Saturne.

De quoi sont faits tous ces satellites ? De roches, de roches couvertes de glace, ou même de roches et de glace mêlées : tout dépend s'ils sont proches ou éloignés du Soleil. Beaucoup portent les cicatrices de leurs rencontres avec des météorites : ils sont criblés de cratères.

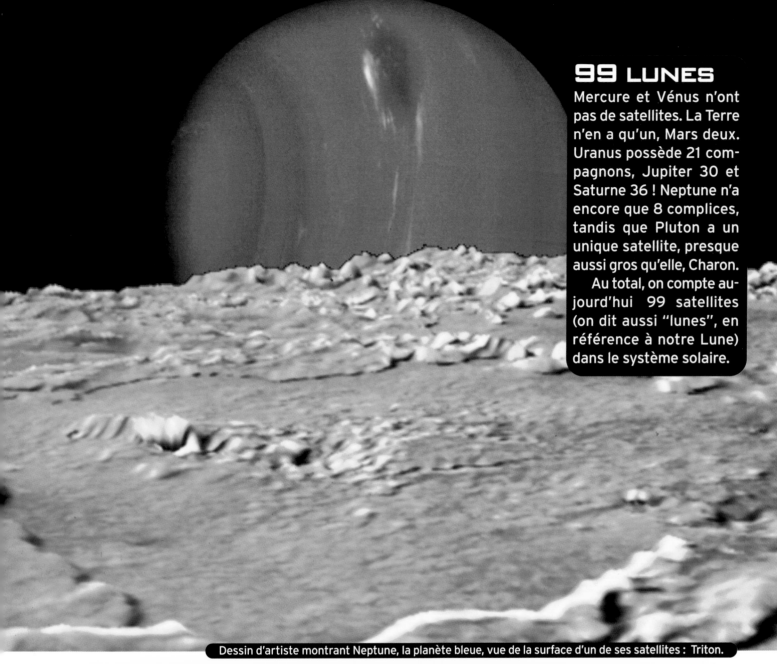

99 LUNES

Mercure et Vénus n'ont pas de satellites. La Terre n'en a qu'un, Mars deux. Uranus possède 21 compagnons, Jupiter 30 et Saturne 36 ! Neptune n'a encore que 8 complices, tandis que Pluton a un unique satellite, presque aussi gros qu'elle, Charon.

Au total, on compte aujourd'hui 99 satellites (on dit aussi "lunes", en référence à notre Lune) dans le système solaire.

Dessin d'artiste montrant Neptune, la planète bleue, vue de la surface d'un de ses satellites : Triton.

Quelques records ...

Le plus gros : Ganymède, satellite de Jupiter, mesure 5 276 kilomètres de diamètre. Il bat Titan, satellite de Saturne, de 126 kilomètres. Tous les deux sont plus gros que la planète Mercure.

Les plus petits : plusieurs satellites de Jupiter, de Saturne ou d'Uranus mesurent moins de 10 kilomètres de diamètre. Mais il en existe peut-être des plus petits qu'on n'a pas encore découverts !

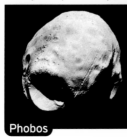

Phobos

Le plus proche de sa planète : Phobos ne gravite qu'à 9 000 kilomètres de sa planète, Mars. Mais il s'en rapproche assez dangereusement et va sans doute s'écraser sur elle d'ici à 30 millions d'années.

Les plus mystérieux : Europe et Ganymède, satellites de Jupiter, cacheraient sous leur croûte de glace un gigantesque océan.

Le plus cassé : Miranda, un satellite d'Uranus, semble être fait de "morceaux recollés". On pense qu'il a été fracassé plusieurs fois à la suite de collisions avec d'autres corps.

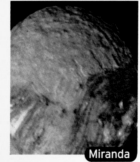

Miranda

Le plus froid : sur Triton, la plus grosse lune de Neptune, on bat des records de froid. Il y fait 235 °C au-dessous de zéro ! Charon, le compagnon de Pluton, est peut-être plus froid encore, mais aucune sonde n'est allée jusqu'à ce satellite pour le confirmer.

DANS LE SECRET DES ANNEAUX

Les beaux anneaux de Saturne éclipsent les autres par leur majesté. Mais en réalité, les quatre planètes géantes possèdent chacune des anneaux.

Anneaux de Saturne.

UN DISQUE DE 300 000 KM !

Même les magnifiques anneaux de Saturne sont invisibles à l'œil nu. En 1610, Galilée faillit les découvrir à la lunette : il trouva que Saturne avait une forme bizarre mais il ne s'expliqua pas très bien ce qu'il voyait. En 1655, le savant hollandais Christiaan Huygens comprit que c'était une sorte de disque qui encerclait la planète. Aujourd'hui, on sait que ces anneaux ont une largeur de 300 000 kilomètres, mais une épaisseur de 1 kilomètre tout au plus.

Jupiter :
les plus discrets

Découverts en 1979 par les sondes Voyager, les trois anneaux de Jupiter sont les plus discrets de tous. Les particules qui les composent sont plus petites que des têtes d'épingle !

Uranus
et l'étoile lointaine

En 1977, des astronomes observaient un événement rare : le passage d'Uranus devant une étoile lointaine. Or, avant de disparaître derrière la planète, l'étoile sembla "clignoter".

Plus bizarre encore, la même chose se reproduisit quand l'étoile réapparut de l'autre côté. On comprit qu'elle était passée derrière quelque chose d'invisible qui entourait la planète : les anneaux d'Uranus venaient ainsi d'être découverts.

L'anneau brisé de
Neptune

Les anneaux de Neptune ont été découverts en 1984 depuis la Terre, puis survolés par la sonde Voyager 2 en 1989. L'un d'eux semble brisé en trois morceaux très brillants (où les particules doivent se rassembler plus qu'ailleurs).

Saturne :
les plus éblouissants

Saturne possède sept anneaux principaux, qui sont en fait composés de toute une foule d'anneaux très fins et très brillants. Ils sont entrecoupés de zones sombres, plus ou moins vides de particules.

Quand les anneaux
disparaissent

Tous les quinze ans, vue de la Terre, Saturne perd ses plus beaux atours. Mais, ce n'est qu'une illusion d'optique. À cause de l'orientation de

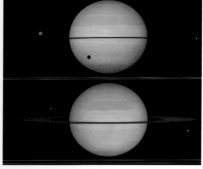

Saturne et de celle de la Terre, on voit ses anneaux par la tranche. Ils sont si minces qu'ils semblent alors disparaître (comme ci-dessus).

DES ANNEAUX
DE GLACE
ET DE ROCHES

Les anneaux de Saturne et des autres géantes ne sont pas solides : un astronaute ne pourrait pas marcher dessus !

Ils se composent de blocs de glace et de roches mêlées, qui peuvent avoir la taille d'un grain de poussière ou celle d'un petit rocher (quelques mètres). Tout ce beau monde tourne autour de sa planète, en suivant chacun son chemin. Les collisions ne sont pas rares !

SATELLITES
BERGERS

À tourner et à se cogner ainsi, pourquoi les particules des anneaux ne s'éparpillent-elles pas ? Les astronomes ont découvert qu'elles étaient en quelque sorte "gardées" par de petits satellites.

Un peu comme un chien de berger rassemble le troupeau, la présence de ces satellites empêche les anneaux de se disperser.

DE L'AIR, DE L'AIR

Une atmosphère, c'est vraiment très important, car cela tient au chaud une planète.

Les nuages retiennent la chaleur de la surface de la Terre.

UN BON BOL D'AIR !

L'atmosphère des planètes rocheuses date de peu de temps après leur naissance, quand elles étaient encore chaudes et couvertes de volcans. Ceux-ci crachaient en grande quantité des gaz comme de la vapeur d'eau et du gaz carbonique. Au départ, les compositions des atmosphères des planètes de roche étaient donc les mêmes, mais elles ont évolué de façon différente.

Pourquoi ? Raison numéro un, la présence de vie (de plantes, d'animaux) sur terre a complètement modifié son atmosphère (les plantes consomment du gaz carbonique et produisent de l'oxygène). Raison numéro deux, un phénomène qu'on appelle l'effet de serre.

EFFET DE SERRE

Les serres dans lesquelles on fait pousser des plantes qui aiment la chaleur fonctionnent toutes de la même façon. Elles sont couvertes de verre ou de plastique qui laissent passer la lumière du Soleil mais gardent la chaleur.

Une atmosphère, dans certaines conditions, fonctionne de la même manière : elle garde la planète bien au chaud ! C'est le cas de la Terre.

Vénus.

MARS ET VÉNUS

Pour Vénus, la serre est trop chaude. Si la Terre était aussi proche du Soleil que Vénus, les océans se mettraient à bouillir, l'air se chargerait de vapeur d'eau ; les nuages empêcheraient la chaleur du sol de s'évacuer, et il ferait de plus en plus chaud... jusqu'à des températures de plusieurs centaines de degrés.

Mars, c'est le contraire ; avec sa mince atmosphère, la serre est trop froide.

Une serre laisse passer la lumière et garde la chaleur.

ET AUTOUR
DES LUNES ?

Deux satellites de planètes géantes ont une atmosphère : une lune de Neptune, nommée Triton, et Titan, un satellite de Saturne. Titan est plus gros que la Lune et que Mercure.

Mais ce qui le rend vraiment intéressant, c'est que son atmosphère est composée d'azote, comme celle de la Terre, et que la pression atmosphérique y est aussi tout à fait comparable à celle de la Terre !

Alors, une sœur jumelle de la Terre ? Pas vraiment, ou alors une Terre qu'on aurait mise au congélateur car la température moyenne y est de –178 °C... Titan est encore mystérieux (car sa fameuse atmosphère est pleine de nuages), mais on en saura bientôt plus, grâce à la sonde spatiale Cassini-Huygens qui atteindra le système de Saturne en 2004.

EST-CE QUE LA TERRE
CHAUFFE TROP ?

Pour la Terre, tout allait bien, la serre fonctionnait parfaitement, mais aujourd'hui les scientifiques sont inquiets parce que l'activité humaine (voitures, industries...) augmente les quantités de gaz carbonique dans l'air. Or ce gaz aggrave le fameux effet de serre, et on craint que la température sur terre n'augmente de plusieurs degrés d'ici à quelques dizaines d'années. Les pays du monde essaient donc, non sans mal, de se mettre d'accord pour réduire les émissions de gaz carbonique.

Titan

Volcan de la planète Vénus.

LES VOLCANS
DU SYSTÈME SOLAIRE

Il y a des volcans partout sur les planètes rocheuses, et même sur certains satellites. La plupart sont éteints, mais on a assisté à des éruptions sur Io, un des satellites de Jupiter.

SUR LA TERRE

Il existe plus de 1 000 cratères de volcans sur les cinq continents. Et ce n'est rien à côté de ce qui se passe au fond des océans, où il y aurait des dizaines de milliers de volcans !

Coulée de lave à Pahoehoe (Hawaii).

VOLCANS GÉANTS

Sur Vénus et Mars, toutes les grandes montagnes sont des volcans. Sur Mars ils peuvent être géants : Olympus Mons mesure 25 kilomètres de haut ! Mais ces volcans de Mars sont sans doute éteints depuis un bon milliard d'années. On ne pense pas que les volcans de Vénus soient actifs mais, il est difficile d'en être sûr.

Le volcan Olympus Mons sur Mars.

On ne peut pas voir la surface de cette planète couverte d'épais nuages, et les observations par radar ne peuvent pas montrer une éruption volcanique.

Cratère sur la Lune.

Science ou fiction ?
LES "CRATÈRES" LUNAIRES SONT DES CRATÈRES DE VOLCANS.

NON. Ce sont tous des traces d'impacts de météorites.

LES FEUX ÉTEINTS DE LA LUNE

La Lune n'a pas connu d'éruptions depuis 3 milliards d'années. Le volcanisme lunaire était bien différent de celui de la Terre : pas de cônes volcaniques, mais d'immenses coulées de lave qui sortaient des fissures du sol.

Elles ont formé les grandes mers lunaires, ces régions sombres à la surface de notre satellite.

FEUX ET GLACES

Les volcans les plus bizarres du système solaire se trouvent sur certains satellites. Io, une des lunes de Jupiter, a été observé par les sondes Voyager puis Galileo.

Il est criblé de centaines de magnifiques volcans aux couleurs blanc jaune, dont beaucoup sont en activité.

Autre bizarrerie : Triton, un satellite de Neptune, a la surface totalement glacée. Pourtant, sur les images prises par Voyager 2, on a découvert des sortes de geysers de glace, trahis par des traînées noires.

La glace et le feu se disputent donc ce monde lointain...

Io.

Comment se refroidir ?

Toutes les planètes rocheuses ont connu un épisode volcanique quand leur cœur était encore très chaud, juste après leur formation.

L'intérieur de la planète était alors beaucoup plus chaud que sa surface. Les éruptions volcaniques sont un moyen d'évacuer toute cette chaleur : quand le magma brûlant arrive à la surface, il se solidifie. La planète se refroidit ainsi peu à peu.

Plus de 4 milliards d'années après sa formation, l'intérieur de la Terre est encore très chaud car c'est la plus grosse des planètes rocheuses ; elle est donc encore très volcanique.

Par contre, Mercure, ou même la Lune, plus petites, ont un cœur froid et solidifié.

L'EAU

Un extraterrestre assoiffé et un peu pressé aurait du mal à trouver de l'eau dans le système solaire ailleurs que sur la Terre. Mais, s'il cherche bien, il en trouvera un peu partout. Pour l'aider, soufflons-lui un indice : l'eau n'est pas forcément liquide. Elle est souvent sous forme de glace.

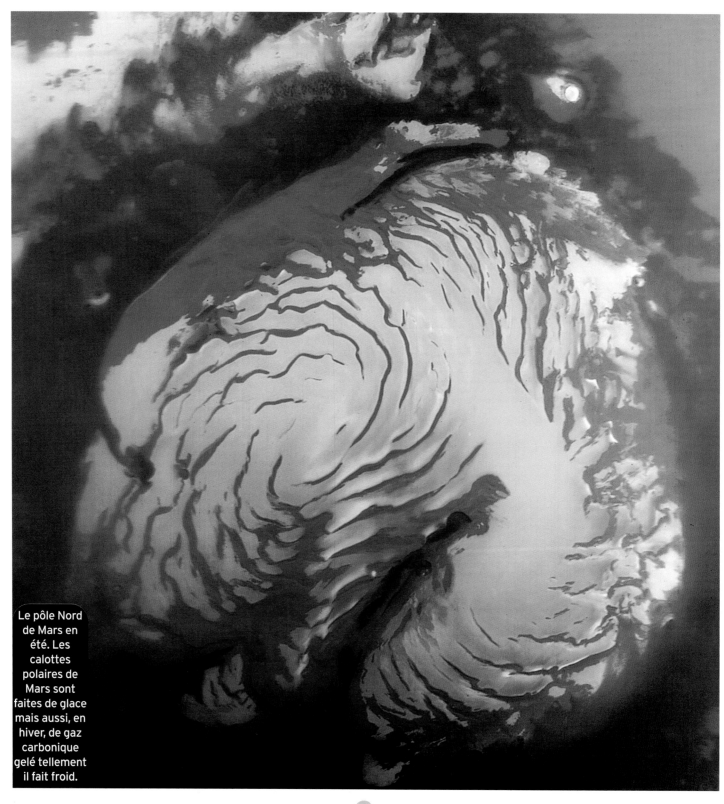

Le pôle Nord de Mars en été. Les calottes polaires de Mars sont faites de glace mais aussi, en hiver, de gaz carbonique gelé tellement il fait froid.

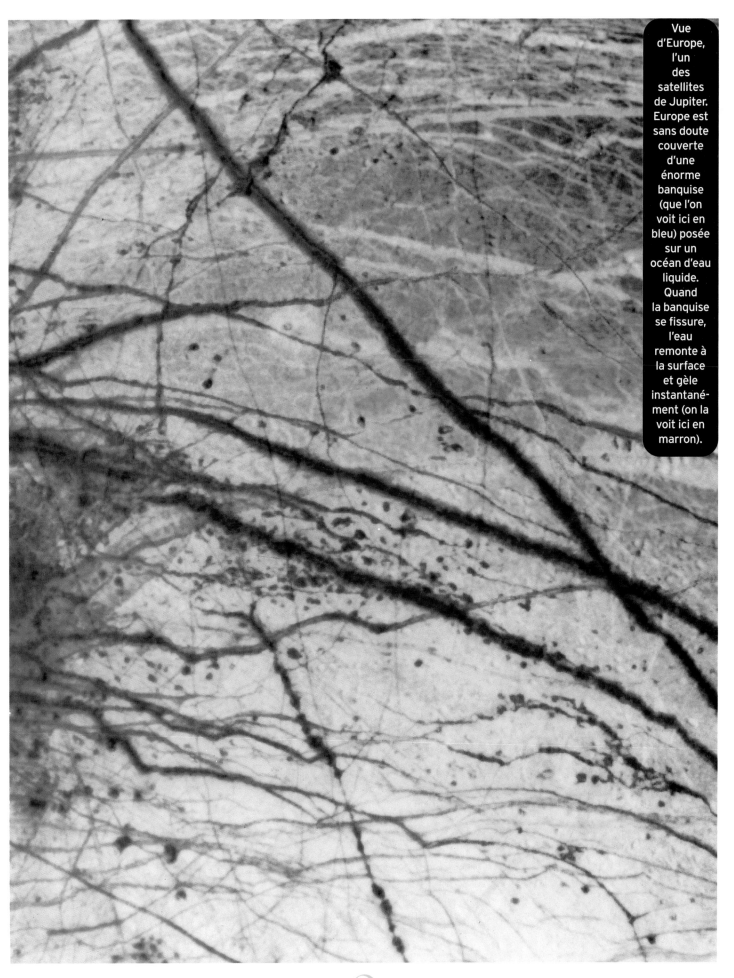

Vue d'Europe, l'un des satellites de Jupiter. Europe est sans doute couverte d'une énorme banquise (que l'on voit ici en bleu) posée sur un océan d'eau liquide. Quand la banquise se fissure, l'eau remonte à la surface et gèle instantanément (on la voit ici en marron).

ASTÉROÏDES, LA COMPAGNIE DES DÉBRIS

Entre Mars et Jupiter s'étend un grand espace vide et… encombré de débris. Ce sont les astéroïdes, des petits corps qui gardent un lourd secret : celui de la naissance des planètes.

En chiffres

Le premier jour du XIXᵉ siècle, le 1ᵉʳ janvier 1801, l'astronome italien Piazzi découvrit le premier astéroïde et lui donna le nom de la déesse romaine des Moissons, Cérès. Cérès est le plus gros astéroïde connu, avec environ 1 000 km de diamètre.

UNE CEINTURE D'ASTÉROÏDES

Les astéroïdes sont faits de roches, ou de métal, ou des deux. Ils tournent autour du Soleil : on les trouve dans une région appelée la ceinture d'astéroïdes, entre Mars et Jupiter, deux à trois fois plus loin du Soleil que la Terre. On en connaît 20 000, mais ils pourraient être des millions. Le plus gros est grand comme la France, les plus petits ont la taille de cailloux.

Vue d'artiste de la ceinture d'astéroïdes.

UN PEU D'ARCHÉOLOGIE

Les astéroïdes ne sont pas très loin de la grosse Jupiter, qui est un peu l'élément perturbateur de la classe : par sa masse imposante, elle attire, déforme, tiraille ou dévie les corps qui sont à sa portée. À l'époque où est né le système solaire, Jupiter a empêché les astéroïdes de se rassembler pour former un corps plus gros, une vraie planète. Du coup, les astéroïdes sont en quelque sorte les vestiges, assez bien conservés, de cette époque lointaine. S'ils pouvaient parler, ils nous raconteraient une histoire oubliée. Les astronomes rêveraient de se transformer en archéologues, et d'aller fouiller sur place ces ruines de notre lointain passé.

PORTRAIT
DE FAMILLE

Les astéroïdes ne sont pas faciles à étudier. Beaucoup plus petits que les planètes, ils apparaissent comme de minuscules points dans un télescope. Quatre seulement ont été survolés de près par des sondes spatiales : Gaspra, Ida, Mathilde et Éros.

Ils ont des formes bizarres, et sont couverts de cratères dus à des collisions avec d'autres astéroïdes.

Ida possède même une minuscule lune. Quant à Cléopâtre, il a fallu des observations radar et des heures de traitement informatique pour voir à quoi il ressemble : à un os.

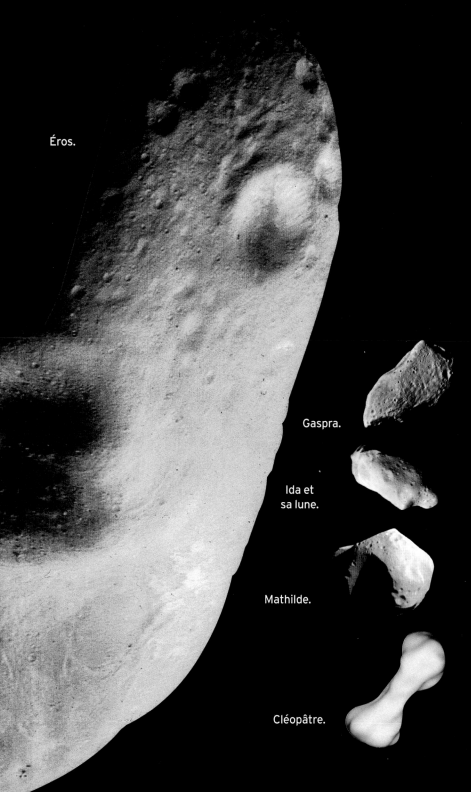

Éros.

Gaspra.

Ida et
sa lune.

Mathilde.

Cléopâtre.

ATTENTION, GÉOCROISEURS

Tous les astéroïdes ne tournent pas sagement dans la ceinture. Certains, carrément piégés par Jupiter, sont condamnés à suivre la même orbite qu'elle. D'autres, perturbés là encore par Jupiter, s'échappent de la ceinture et peuvent venir menacer la Terre. On les appelle les géocroiseurs. Plusieurs télescopes à travers le monde sont chargés de les surveiller.

COMÈTES, LES BELLES VISITEUSES

Quel spectacle ! Parées de leur queue lumineuse, les comètes sont impressionnantes. Pourtant, à l'origine du feu d'artifice, il n'y aurait qu'une boule de neige sale...

La comète Hyakutake.

D'ÉNORMES BOULES DE NEIGE ET DE CAILLOUX

Longtemps, les apparitions imprévues et impressionnantes des comètes ont été interprétées comme de mauvais présages. Aujourd'hui, nous connaissons leur véritable nature et nous savons prédire leur retour.

Une comète n'est qu'une énorme (quelques kilomètres) boule de neige, de cailloux et de poussières mêlés, qui passe son temps dans le froid glacial de la banlieue du système solaire, au-delà des planètes géantes.

Quand une comète se rapproche du Soleil, la boule de neige surchauffée se met à cracher des bouffées de gaz et de poussières. Ces jets illuminés par le Soleil forment sa "chevelure", et les vapeurs, emportées par sa

course autour du Soleil, forment sa queue, un peu comme la flamme d'une allumette qu'on déplace. Puis la comète s'éloigne du Soleil, les jets de vapeur se calment, queue et chevelure disparaissent progressivement.

La comète de Halley.

La comète de Halley sur le fond de la Voie lactée.

Plongeons vers le Soleil

Les comètes périodiques se rapprochent du Soleil à intervalles réguliers, parce que leur orbite autour du Soleil a une forme d'ellipse (un ovale assez allongé). La plus célèbre, la comète de Halley, revient ainsi tous les 76 ans. Rendez-vous en 2062 !

Les comètes nouvelles sont au départ fort loin du Soleil, mais en orbite autour de lui. Une petite perturbation peut leur donner une pichenette qui les fait changer d'orbite et foncer vers le Soleil. Certaines passent très près et brillent alors de tous leurs feux, comme les comètes Hyakutake et Hale-Bopp en 1997.

COLLISION AVEC JUPITER

En juillet 1994, la comète Shoemaker-Levy entra en collision avec Jupiter.

Une comète s'est "crashée" en 1994 sur la planète Jupiter. Écrasée par la force de gravité de la planète géante, elle était déjà en une vingtaine de morceaux, qui sont tombés l'un après l'autre dans l'épaisse atmosphère de Jupiter entre le 16 et le 23 juillet 1994. Le spectacle fut très impressionnant : en s'abîmant dans l'atmosphère gazeuse de Jupiter, chaque morceau de comète a déclenché une immense boule de feu. Les cicatrices de certaines explosions sont restés visibles plusieurs mois...

AUX CONFINS
DU SYSTÈME SOLAIRE

Dans l'immensité glaciale des confins du système solaire,
des milliards de comètes se déplacent en silence.
Là-bas, le Soleil n'est plus qu'un faible point lumineux.

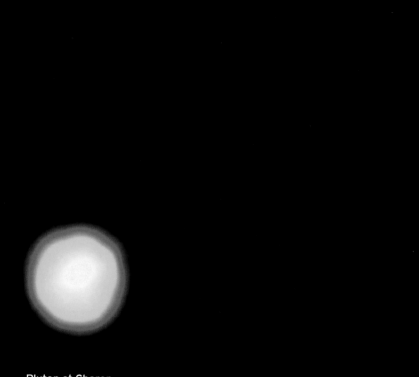

Pluton et Charon.

LE CAS PLUTON

Est-ce bien une planète, cette Pluton qu'on n'a réussi à classer ni dans les planètes rocheuses, ni dans les planètes gazeuses ? Elle est quand même cinq fois plus petite que la Terre... Et puis, elle est si proche de son gros satellite, Charon, que c'est presque une planète double.

Avec son atmosphère d'azote et sa trajectoire très allongée autour du Soleil, Pluton ressemble plutôt à un satellite de planète géante. Pluton est peut-être un satellite parti en vadrouille, mais on ne pourra pas le vérifier avant longtemps, car il est si loin qu'une sonde spatiale partie de la Terre mettrait près de 10 ans pour l'atteindre.

Y A-T-IL UNE PLANÈTE X ?

Y a-t-il des planètes au-delà de Pluton ? Les astronomes se sont posé cette question dès la découverte de Pluton, la neuvième planète du système solaire.

Car Pluton n'a pas été découverte par hasard : on pensait que le mouvement de Neptune devait être perturbé par une planète, et on l'a longtemps cherchée. En 1930, enfin, l'astronome américain Clyde Tombaugh l'a trouvée. Alors, pourquoi pas une dixième planète ?

Mais, malgré les recherches, la planète X (X comme mystère, mais aussi comme 10 en chiffres romains) reste invisible.

TROP PETITS POUR ÊTRE DES PLANÈTES !

N'y a-t-il vraiment rien dans les immenses espaces qui s'étendent entre Pluton et la plus proche étoile ? À 300 000 kilomètres par seconde, la lumière du Soleil ne met que cinq heures à atteindre Pluton, mais il lui faut plus de quatre ans pour voyager jusqu'à Alpha du Centaure, l'étoile la plus proche de la nôtre.

Pourtant, on a découvert dans ces solitudes glacées des astres très similaires à Pluton. On en a trouvé des dizaines (c'est difficile, car le Soleil ne les éclaire que très faiblement : ils sont si loin !) et les astronomes ignorent combien il y en a : des millions, des milliards peut-être ?

Ils mériteraient peut-être le nom de planète car ils tournent autour du Soleil. Mais, comme les astéroïdes, on a considéré qu'ils étaient trop petits pour cela.

Science ou fiction ?

PLUTON EST LA PLANÈTE LA PLUS ÉLOIGNÉE DU SOLEIL.

◀ **PAS TOUJOURS.** Pluton a une orbite très aplatie et très inclinée, si bien qu'elle est parfois plus près du Soleil que Neptune.

DES COMÈTES PAR MILLIARDS

Encore un petit coup d'accélérateur : nous sommes maintenant à des semaines-lumière du Soleil, plusieurs dizaines de milliers de fois plus loin que la Terre. Voici le réservoir des comètes, un nuage immense qui ceinture le Soleil et ses planètes. Des centaines de milliards de boules de neige sale sont stockées là.

Tant qu'elles resteront cachées dans ces régions reculées, nous ne pourrons pas les voir. Mais la moindre perturbation peut leur faire quitter leur orbite et foncer vers le Soleil.

QUAND LE CIEL NOUS BOMBARDE

Des cailloux qui arrivent du ciel ? Ridicule, disait-on il y a deux cents ans encore. Et pourtant, les météorites ne sont pas une légende. Il en tombe même très souvent !

Le Meteor Crater, en Arizona (États-Unis), est le plus gros impact de météorite retrouvé sur la Terre.

FONCEZ, FONCEZ, PETITS BOLIDES

Une foule de débris d'astéroïdes ou de comètes circulent entre les planètes. De temps en temps, un de ces cailloux croise le chemin de la Terre. Voilà cette météorite qui fonce vers nous à des milliers de kilomètres par heure.

Heureusement, l'atmosphère terrestre est là. Elle arrête les petites météorites, qui s'y brûlent et partent en fumée, en laissant de belles traînées brillantes dans le ciel : des étoiles filantes. Mais les grosses météorites, elles, réussiront à toucher terre et à y creuser un gros trou, un cratère.

En chiffres

Chaque année, la Terre reçoit **10 000** tonnes de météorites, de quoi remplir le paquebot *Titanic*. La plus grosse météorite connue est tombée à Hoba, en Namibie, dans le sud de l'Afrique. Elle pesait 60 tonnes.

PIERRES DE MARS OU D'AILLEURS

Sur Terre, on ne connaît que 130 cratères creusés par des météorites. Les autres ont été effacés par les eaux et les vents. Mais la Lune, elle, porte toutes les marques d'un grand mitraillage : elle est couverte de cratères. Mars, avec sa mince atmosphère, n'est pas non plus à l'abri. Il est même arrivé que des météorite percutent Mars,

Deux cratères sur la Lune.

en arrachent un morceau et que ce morceau, des millions d'années plus tard, retombe sur la Terre. Et voilà comment des météorites venues de Mars peuvent arriver directement chez nous !

QUI A TUÉ LES DINOSAURES ?

Le coupable est sans doute une énorme météorite de la taille d'une grande ville, qui est tombée dans l'océan, tout près du Mexique, il y a 65 millions d'années. Le choc fut si violent qu'il creusa un cratère de 200 km, déclencha des raz de marée géants et envoya des tonnes de poussières dans l'atmosphère. Les rayons du Soleil ne passaient plus à travers ce brouillard, et le froid a recouvert notre planète. Quelques animaux et plantes ont survécu, mais les dinosaures, qui régnaient en maîtres sur la Terre, n'ont pas résisté à la catastrophe.

Quand une étoile filante traverse le ciel.

ÉTOILES FILANTES

Quand on peut voir des milliers d'étoiles filantes zébrer le ciel la même nuit, comme une pluie de lumière, c'est qu'il y a une comète là-dessous.

Chaque fois qu'elles s'approchent du Soleil, les comètes fondent un peu : elles laissent derrière elles des nuages de poussières. Ces nuages tournent autour du Soleil et, chaque année à la même date,

la Terre fonce dedans comme une voiture dans une tempête de neige. Sauf que les "flocons" sont de petites poussières qui s'enflamment toutes en même temps dans l'atmosphère : c'est la "pluie" d'étoiles filantes.

La "pluie" la plus connue, autour du 12 août, est due à la comète Swift-Tuttle, qui revient nous visiter tous les 130 ans.

Science ou fiction ?
LES ÉTOILES FILANTES SONT DES ÉTOILES.

NON. Ce sont de petites météorites qui brûlent en pénétrant dans notre atmosphère.

79

AU COMMENCEMENT, LE SOLEIL

Au commencement, il y a un énorme nuage de gaz qui tourne lentement sur lui-même entre les étoiles. Il contient des gaz et de minuscules poussières couvertes d'une mince couche de glace.

Un beau jour, le nuage perd son équilibre et s'effondre comme un ballon qui se dégonfle. Il s'aplatit, se met à tourner de plus en vite. Le gaz tombe vers le centre du nuage qui grossit rapidement et chauffe, chauffe, chauffe ! Voilà, le Soleil s'est allumé.

LE SYSTÈME SOLAIRE

LA NAISSANCE
DES PLANÈTES

La naissance du système solaire, c'est comme une énigme policière. Il faut trouver les bons indices pour reconstituer ce qui s'est passé il y a plus de 4 milliards d'années...

LES BONS INDICES

Ce scénario correspond-il à ce que nous savons du système solaire ?

Indice numéro 1 : toutes les planètes tournent dans le même sens autour du Soleil, et dans le même plan. Ça va : si le nuage de gaz du début tournait dans un sens, il n'y a pas de raison que les planètes aient changé de sens.

Indice numéro 2 : les planètes proches du Soleil sont rocheuses et celles qui sont loin sont plutôt gazeuses. Cela se comprend : tout près du jeune Soleil, ne résistent que les roches les plus solides, le reste est vaporisé.

Un peu plus loin, le gaz qui vient du nuage du début peut résister, ainsi que la glace qui emballait les grains de poussière. C'est pourquoi les satellites des planètes géantes sont en partie constitués de glace.

Indice numéro 3 : certaines météorites et la Terre ont le même âge : 4,6 milliards d'années. Ça colle, si ces météorites sont des débris d'astéroïdes, et si les astéroïdes sont des débris de bébés planètes.

Indice numéro 4 : les traces d'impacts de météorites à la surface des planètes et de la Lune. Les échantillons étudiés ont montré que les cratères lunaires sont vieux de plus de 3 milliards d'années. C'est normal : au début, il devait rester pas mal de cailloux dans l'espace ; ces cratères d'impact sont la trace du grand nettoyage. Peu soigneux d'ailleurs : astéroïdes et comètes ont bien l'air d'être des gravats oubliés depuis la construction du système solaire par un entrepreneur négligent !

Représentation d'artiste de la naissance du système solaire.

Le sol de la Lune est criblé d'impacts de météorites, vieux de trois milliards d'années.

L'AUBE DES PLANÈTES

À l'intérieur de la galette d'où est né le Soleil, c'est le billard cosmique. Les grains de poussière se sont agglutinés, pour devenir des bébés planètes de quelques kilomètres. Ils sont des milliards, et même plus, qui se cognent à qui mieux mieux. À force de collisions, certains sont pulvérisés, d'autres réussissent à grossir. On a calculé sur ordinateur qu'en quelques dizaines de millions d'années vont naître plusieurs belles planètes. Pourquoi plusieurs, et non pas neuf ? Parce qu'il y a une part de hasard, et qu'on ne sait pas fabriquer exactement le système solaire par ordinateur !

...Dans une enquête comme celle sur la naissance des planètes, il y a des témoins !

Vue d'artiste de Rosetta.

LES COMÈTES RACONTENT

Pour essayer de comprendre la naissance des planètes, les astronomes ont leurs fossiles : tous ces débris en vadrouille dans le système solaire, poussières, astéroïdes, et noyaux de comètes. Les meilleurs fossiles, les moins déformés, ce sont les comètes. Les astronomes étudient donc toutes les comètes qui leur passent sous la main. Ils vont même pouvoir bientôt regarder une comète de près, avec la sonde spatiale Rosetta. Lancée en 2003, elle arrivera huit ans plus tard à sa destination : la comète Wirtanen !

LE MYSTÈRE DES SATELLITES

Au fait, et les satellites ? On les a un peu oubliés dans cette histoire. Comment se sont-ils donc formés ? Les planètes géantes et leur cortège de lunes ressemblent assez à un système solaire en miniature et leur naissance s'est sans doute passée de la même manière que celle du système solaire : nuage de gaz, aplatissement, billard cosmique, etc.

Les anneaux pourraient être beaucoup plus récents (mais il ne faut pas oublier que, pour un astronome, quelque chose de récent peut avoir des dizaines de millions d'années !).

Quant aux lunes de Mars, Phobos et Deimos, elles ont une origine différente puisqu'on pense que ce sont des astéroïdes que la planète rouge aurait capturés.

La formation de la Lune telle que les scientifiques l'imaginent.

LA LUNE EST-ELLE LA FILLE DE LA TERRE ?

Le couple Terre et Lune est un cas à part chez les planètes rocheuses, car aucune n'a de satellite aussi gros et aussi proche.

Pour ce couple-là, il a fallu imaginer un scénario digne d'un film d'horreur : une épouvantable collision entre deux planètes. Peu après la naissance du système solaire, la Terre, tout juste formée, était encore chaude et un peu molle quand elle est entrée en collision avec une autre planète, sans doute un peu plus grosse que Mars. Fort heureusement, les deux planètes ne se sont pas heurtées de plein fouet, mais un peu de côté. Sous le choc, la Terre a été épluchée de ses couches externes, et l'autre planète a, elle, été mise en miettes. Tous ces débris se sont mis en orbite autour de la Terre, puis ils se sont très rapidement rassemblés pour former la Lune.

Notre satellite est donc à la fois fille de la Terre et vestige d'une planète pulvérisée...

BRÈVE HISTOIRE
DE LA VIE SUR TERRE

Il reste encore des mystères dans le système solaire, et celui de la vie n'est pas le moins important. Il nous concerne de près. Comment la vie a-t-elle pu s'installer sur notre planète ?

Représentation d'artiste de la création du monde : *Hymne à la création*.

Longtemps, les méduses et les vers ont été seuls sur la Terre.

D'OÙ VIENT LA VIE ?

Comment la vie est-elle apparue un beau jour sur la Terre ? Personne ne sait vraiment.

Les scientifiques cherchent encore "l'étincelle" qui a pu la faire démarrer. Pour certains, elle a pu être apportée par des comètes. Pour d'autres, elle a pu surgir au fond des océans, près des sources d'eau chaude qui jaillissaient des entrailles de la Terre. Depuis quelques années, tout un peuple de vers et de coquillages primitifs a été découvert vivant autour de ces drôles de cheminées sous-marines. Est-ce une piste ?

DÉMARRAGE EN TROMBE

La Terre est née il y a 4,6 milliards d'années. Pendant son premier milliard d'années d'existence, elle reçut des pluies de gros cailloux, ceux qui n'ont pas été utilisés pour former les planètes. Il ne devait pas faire bon vivre dans ces conditions !

C'est pourtant à cette époque que, très vite, la vie va apparaître. La preuve : les premières traces de vie connues ont 3,5 milliards d'années. Elles ont été laissées par des êtres vivants très simples, de minuscules algues qui vivaient dans les océans.

LENTEMENT MAIS SÛREMENT

Le plus gros est fait : même si on ne sait pas comment, la vie est là. Le moins qu'on puisse dire, c'est qu'ensuite, elle va prendre son temps. Pendant presque 3 milliards d'années, elle va stagner dans les océans, sous forme de vers et de méduses !

Grenouille verte

Les premiers poissons et les premières plantes terrestres apparaissent il y a 500 millions d'années. Cent millions d'années plus tard, les poissons sortent de l'eau pour devenir des amphibiens. À partir de là, tout s'accélère. Le règne des dinosaures (un mot qui signifie "lézard terrible" en grec) commence il y a 250 millions d'années et finit il y a 65 millions d'années. Entre-temps,

les oiseaux (200 millions d'années) et les petits mammifères (100 millions d'années) sont apparus. Mais les premiers hommes, eux, n'ont qu'un peu plus de 2 millions d'années, et encore ! Les spécialistes, les paléontologues, se disputent toujours sur la date de cette apparition.

LE PREMIER

Les premiers fossiles datent de 570 millions d'années. Ils ont été laissés par les premiers êtres à coquille dure, des mollusques, les trilobites (avant, il n'existait que des vers et méduses à corps mou).

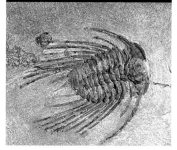

LA TERRE 10 ANS, L'HOMME 2 JOURS

La vie est apparue très tôt dans l'histoire de la Terre. Mais l'homme, lui, s'est vraiment fait attendre ! Imaginons qu'au lieu d'avoir 4,6 milliards d'années, la Terre a tout juste 10 ans. Dans ces conditions, les premières formes de vie connues datent de l'époque où la Terre avait 2 ans et 3 mois. Les premiers poissons sont apparus quand elle avait 8 ans et 11 mois. Mais l'homme, lui, est né seulement deux jours avant que la Terre fête son dixième anniversaire !

LA TERRE, NÉE SOUS UNE BONNE ÉTOILE

De toutes les planètes nées autour du Soleil, seule la nôtre est un paradis, où la vie a pu s'épanouir. Pourquoi ? Les astronomes pensent qu'elle a eu de la chance.

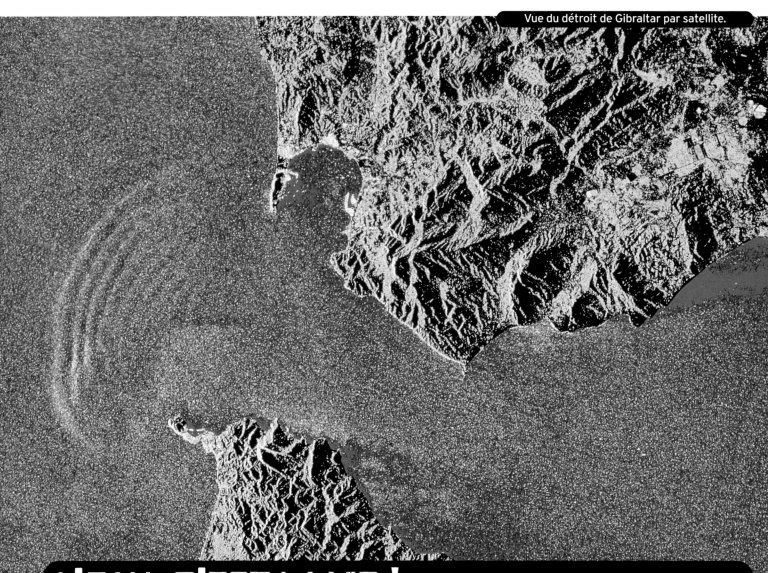

Vue du détroit de Gibraltar par satellite.

L'EAU, C'EST LA VIE !

La première chance de la Terre a été de se trouver pile au bon endroit : ni trop près, ni trop loin du Soleil. Là, elle a pu se faire un petit nid douillet, où la température n'était ni trop élevée, ni trop basse.

La température qui règne à la surface de la Terre est, en moyenne, de 15 °C. Exactement ce qu'il faut pour que l'eau liquide existe, sous forme de mers, de fleuves, de rivières et d'océans. Or cette eau, c'est la vie !

LA LUNE, NOTRE ANGE GARDIEN

Une fois que la vie est apparue sur Terre, il a fallu qu'elle soit protégée des accidents et des catastrophes pour continuer de croître et embellir. Qui a veillé sur elle ? La Lune. La présence de ce gros satellite a permis à la Terre de garder son équilibre, comme le funambule sur son fil a besoin de son balancier pour ne pas tomber. Sans la Lune, notre planète aurait perdu le nord.

Tourneboulée, elle aurait basculé plusieurs fois comme une toupie devenue folle. Le rythme si régulier des saisons aurait été complètement détraqué. Des régions entières, privées de soleil pendant longtemps, auraient plongé dans la nuit et le froid. D'autres auraient au contraire été carbonisées sous les feux du Soleil. L'eau et la vie n'auraient sans doute pas résisté à ce régime.

La Lune, (en haut à gauche) a protégé sa planète, la Terre.

LE COUP DE POUCE DES GÉANTES

Les planètes géantes, et surtout Jupiter et Saturne, les deux plus grosses, ont joué en quelque sorte le rôle de gardes du corps de la Terre : par leur masse imposante, elles ont envoyé valser ailleurs beaucoup de petits corps (astéroïdes et comètes) qui auraient pu menacer la Terre. Sans elles, notre planète aurait reçu beaucoup de météorites.

Les dégâts dans les espèces vivantes auraient pu être très sérieux. La catastrophe qui, il y a 65 millions d'années, a décimé les dinosaures (on pense qu'il s'agissait d'un gros astéroïde qui a percuté la Terre) était bien suffisante !

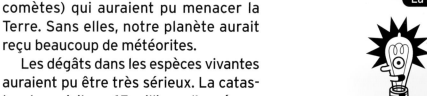

En chiffres

Aujourd'hui, les mers et océans occupent **70 %** de la surface terrestre.
L'eau constitue **60 %** (en masse) du corps humain.

À LA RECHERCHE DE LA VIE

Pas d'extraterrestres dans le système solaire, mais peut-être des microbes ou des fossiles enfouis dans le sol de Mars ?

DES CANAUX SUR MARS ?

La troisième planète en partant du Soleil est-elle la seule à abriter des êtres vivants ? En tout cas, il n'y a pas de civilisation semblable à la nôtre sur les autres planètes, mais cela ne prouve pas qu'il n'y a rien de vivant. Au XVIIIe et au XIXe siècles, les savants essayaient déjà d'imaginer comment pouvaient être les habitants de Mercure ou de Jupiter, et beaucoup de gens pensaient que Mars était habitée.

D'ailleurs, en 1877, un astronome italien avait annoncé qu'il voyait à la surface de la planète rouge d'immenses lignes droites que l'on a baptisées "canaux", mais on s'est vite aperçu que ce n'était qu'illusion d'optique.

FOSSILES MARTIENS ?

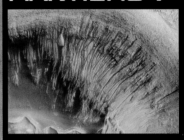

On sait qu'il y a eu de l'eau liquide sur Mars. Si la vie est apparue à ce moment-là et a disparu quand la planète s'est asséchée, ces martiens-là ont peut-être laissé des fossiles. Mais ce n'est déjà pas facile de trouver des fossiles sur Terre, ça l'est encore moins sur Mars. Pour ça, il faudra peut-être envoyer des astronautes sur Mars, mais ils ne pourront pas passer la planète au peigne fin !

Panorama de Mars.

SOUS LE REGARD
DES SONDES SPATIALES

Pas de civilisation sur Mars, ça ne veut pas dire pas de vie. Il faut vérifier ! La planète rouge est survolée par les sondes Mariner en 1965, 1969 et 1971 : hélas ! ni végétation, ni traces d'êtres vivants. Alors, peut-être des microbes ? En 1976, les deux sondes Viking se posent sur Mars pour fournir des "aliments" à des échantillons de sol martien. Si ces échantillons contiennent des êtres

Mars.

L'un des robots qui devrait aller sur Mars en 2003.

vivants, ils devraient digérer les aliments. Mais il ne se passe rien. Pas de microbes !

Depuis, les Américains ont lancé plusieurs sondes vers Mars. Deux ont été perdues en 1999, mais, en 1997, un petit robot monté sur chenilles, Mars Pathfinder ("Éclaireur"), a réussi à se déplacer d'une centaine de mètres ! En 2003, la Nasa (l'agence spatiale américaine) veut recommencer avec deux robots. Entre-temps, Mars Surveyor 2001 Orbiter doit se mettre en orbite pour étudier en détail la surface et le climat de Mars ; Mars Express sera lancé par les Européens en 2003.

AILLEURS
DANS LE
SYSTÈME SOLAIRE

Les autres planètes ne sont pas des endroits très excitants pour y chercher des traces de vie : Mercure n'a pas d'atmosphère, Vénus est un enfer, les planètes géantes n'ont pas de sol.

Restent quelques satellites où l'on pourrait espérer trouver une vie très simple : sous la banquise d'Europe, il y a probablement un océan, ou alors sous les nuages du mystérieux Titan, le seul satellite qui possède une vraie atmosphère. Mais ne rêvons pas, nous sommes tout seuls dans le système solaire...

Une plaine martienne.

Le jour où...

Armstrong marcha sur la lune

21 juillet 1969, 4 heures du matin en France. Les yeux rivés sur leur écran, des millions de téléspectateurs du monde entier regardent l'astronaute Neil Armstrong descendre lentement l'échelle du LEM, le module lunaire.

Un petit pas pour l'homme

Ça y est, il accomplit ce que personne n'avait jamais fait avant lui : poser le pied sur un autre monde que le nôtre. Le voilà sur la Lune ! Il prononce sa célèbre phrase : *"C'est un petit pas pour l'homme, mais un pas de géant pour l'humanité."* Bientôt, il marche dans la poussière lunaire, qu'il trouve "fine et poudreuse". Il marche, ou plutôt il bondit. Normal : la Lune l'attire six fois moins que la Terre. Sur notre planète, avec son scaphandre et ses équipements, il faisait bien 200 kilos. Là-haut, l'astronaute américain pesait six fois moins. Pas étonnant qu'il ait l'impression de s'envoler !

Buzz Aldrin photographié sur la Lune par Neil Armstrong.

Une mission tranquille

Le LEM s'est posé dans la mer de la Tranquillité. C'est un très bon présage : la mission Apollo 11 se déroule sans accrocs. Avec son collègue Buzz Aldrin, venu le rejoindre, Armstrong passe deux heures et demie sur la Lune. À eux deux, ils ramassent une vingtaine de kilos d'échantillons de sol lunaire, qui seront étudiés à leur retour dans les laboratoires de la Nasa.

Le troisième larron, le pilote Michael Collins, est resté aux commandes du vaisseau *Columbia*, en orbite autour de la Lune.

Fêtés en héros

Justement, il est temps de rentrer. Le LEM redécolle et rejoint le vaisseau *Columbia*. Direction la Terre. Le 24 juillet, la petite capsule où les trois hommes se serrent tant bien que mal amerrit dans l'océan Pacifique. À leur retour, Armstrong, Aldrin et Collins sont fêtés en véritables héros.

L'INTRUS ...

Un de ces hommes a "décroché la lune" sans marcher dessus. Lequel ?

RÉPONSE

Le 1 : Youri Gagarine, cosmonaute russe, n'a pas marché sur la Lune, mais il a réussi lui aussi un difficile exploit. Et quel exploit ! Il fut le premier homme en orbite, le 12 avril 1961. Cette nouvelle fit enrager les Américains, vexés d'avoir perdu la course à l'espace. Ils réagirent en envoyant par la suite douze hommes sur la Lune.

2 : L'Américain Neil Armstrong est le premier homme à fouler la Lune, le 21 juillet 1969, lors de la mission Apollo 11.

3 : L'Américain Harrison Schmitt est le dernier homme à quitter la Lune, le 13 décembre 1972, lors de la mission Apollo 17.

Six réussites et un raté

Entre juillet 1969 et décembre 1972, six missions Apollo ont atteint notre satellite, et douze hommes ont marché sur la Lune (chaque fois, les pilotes resteront en orbite).
À part Apollo 11, ces missions étaient :
Apollo 12 (décollage le 14 novembre 1969, retour sur Terre le 24 novembre),
Apollo 14 (31 janvier-9 février 1971),
Apollo 15 (26 juillet-7 août 1971),
Apollo 16 (16-27 avril 1972),
Apollo 17 (7-19 décembre 1972).
Et Apollo 13 ? Parti le 11 avril 1970, l'équipage a raté la Lune ! Il a frôlé la catastrophe car un des réservoirs du vaisseau a explosé en cours de route pour la Lune. L'équipage reviendra sain et sauf sur Terre le 15 avril.

Le cas Tintin

Plusieurs albums des aventures de Tintin parlent d'astronomie. Ils sont plutôt réussis, même si quelques détails peuvent parfois chiffonner les astronomes.

On a marché sur la Lune

C'était en 1954, quinze ans avant le départ d'Apollo 11 pour la Lune : Tintin, le capitaine Haddock, le professeur Tournesol, et bien sûr Milou se posaient sur notre satellite. À une époque où l'on ne savait pas grand-chose de la Lune, cet album contient des images très réalistes et quelques erreurs... Plutôt réussis : le ciel parfaitement noir, le relief de la surface lunaire, les scaphandres, les effets de l'apesanteur dans la fusée, comme le whisky en boule, les effets de la pesanteur plus faible sur la Lune. Plutôt bizarres : les images de la Terre, sans un seul nuage ! Et cette fusée qui, à son retour, a exactement la même taille qu'à son départ : où était donc le carburant ? Plutôt ratés : les grottes lunaires (il faut de l'eau pour creuser une grotte), le petit tour autour de l'astéroïde Adonis (mettre une fusée en orbite autour d'un aussi petit caillou serait un véritable exploit)...

Sauvés par l'éclipse

Dans *Le Temple du Soleil*, Tintin et ses amis sont sauvés du bûcher par une éclipse de soleil providentielle, pendant laquelle Tintin fait semblant de commander le dieu Soleil. Providentielle, mais peu vraisemblable ! Nos héros, qui ont parcouru de nombreux kilomètres dans la jungle, ne savent pas trop où ils se trouvent à la fin de leur périple. Comme la zone dans laquelle une éclipse est totale est une bande large de quelques dizaines de kilomètres, il y a peu de chances que Tintin connaisse assez bien sa position pour savoir si l'éclipse va être totale ou partielle.

Mystérieuse apparition dans la Grande Ourse

Dans *L'Étoile mystérieuse*, un mystérieux "aérolithe" percute la Terre. Il s'agit sans aucun doute d'une météorite, mais il est étrange qu'elle n'ait pas fait davantage de dégâts. Jetons donc un petit coup d'œil dans les premières pages de l'album : on y trouve, entre autres, la Grande Ourse, un observatoire tel qu'on pouvait les voir il y a cinquante ans, et des astronomes dans la Lune...

Il faut bien dire que les astronomes d'aujourd'hui ne ressemblent pas beaucoup à cette image ! Bien peu portent des barbes pareilles, ne serait-ce que parce que les astronomes sont de plus en plus souvent des femmes !

Les martiens

Nos voisines, les planètes, sont de vrais déserts : on a eu beau chercher, aucune n'est habitée. Alors pourquoi les martiens ont-ils la cote ? Tout est parti d'une histoire de canaux.

Nous sommes en août 1877. C'est le branle-bas de combat chez les astronomes. Comme tous les deux ans, la planète Mars est au plus près de la Terre. C'est le moment ou jamais de l'observer ! L'astronome américain Asaph Hall retrousse ses manches et découvre les deux petits satellites de la planète rouge, qu'il baptise Phobos ("Effroi", en grec) et Deimos ("Épouvante").

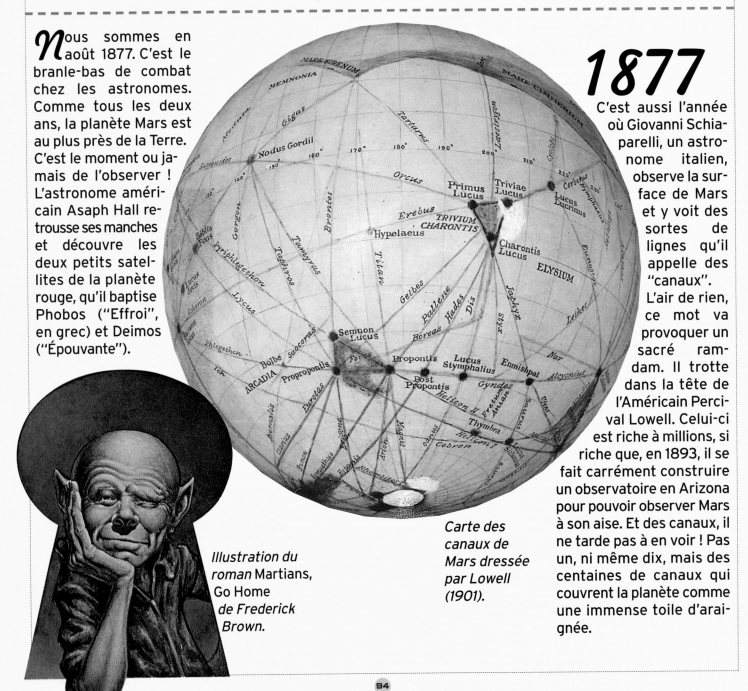

Illustration du roman Martians, Go Home *de Frederick Brown.*

Carte des canaux de Mars dressée par Lowell (1901).

1877

C'est aussi l'année où Giovanni Schiaparelli, un astronome italien, observe la surface de Mars et y voit des sortes de lignes qu'il appelle des "canaux". L'air de rien, ce mot va provoquer un sacré ramdam. Il trotte dans la tête de l'Américain Percival Lowell. Celui-ci est riche à millions, si riche que, en 1893, il se fait carrément construire un observatoire en Arizona pour pouvoir observer Mars à son aise. Et des canaux, il ne tarde pas à en voir ! Pas un, ni même dix, mais des centaines de canaux qui couvrent la planète comme une immense toile d'araignée.

C'est là que Lowell (inspiré peut-être par le canal de Panamá, que, chez nous, on a commencé à creuser en 1881 pour relier les océans Atlantique et Pacifique) a une idée géniale, si on peut dire. Pour lui, ça ne fait aucun doute : les canaux martiens ne sont pas naturels. Ils ont été creusés par une civilisation extraterrestre pour amener de l'eau partout sur la planète rouge. Bref, pour ceux qui en doutaient, les martiens existent !

Du coup, c'est la folie des canaux. Tout le monde veut les voir, et beaucoup les voient ! Seuls quelques astronomes tirent la sonnette d'alarme en disant que ces canaux n'existent pas. Il faudra attendre quelques années et les premières photographies de la planète Mars pour se rendre compte qu'ils ont raison : ces fameux canaux sont une illusion d'optique. Leurs observateurs ont vu ce qu'ils voulaient bien voir. Ils ont pris leurs désirs pour des réalités ! Pourtant, rien n'y fait, la mode des martiens est lancée. Grosses limaces dégoulinantes ou petits hommes verts, ils vont envahir les livres de science-fiction, les bandes dessinées et, encore plus, le cinéma. En fait, il n'y a qu'un seul endroit où on peut vraiment les trouver : dans notre imagination.

Les habitants de Mars communiquant avec la Terre. Illustration du Journal des voyages du 17 février 1901.

Le nom des astres

Les astres du système solaire, c'est un peu la grande famille du dieu Jupiter. Car le roi des dieux avait de nombreuses petites amies et beaucoup d'enfants.

Qui sont les dieux qui ont donné leurs noms aux planètes du système solaire ? **Mercure** était le messager des dieux, **Vénus** la déesse de l'Amour, **Mars** le dieu de la Guerre, **Jupiter** était le roi des dieux (ça tombe bien, c'est la plus grosse planète, mais cela, les Grecs et les Romains ne le savaient pas). Quant à **Saturne**, c'est le père de Jupiter et le dieu des vignerons et des paysans.

Quand on a découvert les autres planètes, on a continué dans le même style. **Uranus** a été découverte par William Herschel qui voulait la nommer *Georgium sidus* (astre de Georges), en l'honneur du roi George III, dont il était le protégé ; mais on lui a donné le nom du père de Saturne. **Neptune** est le dieu de la Mer et aussi le frère de Jupiter, et **Pluton** est le dieu des Enfers. Il faut dire aussi que les deux premières lettres de Pluton sont les initiales de Percival Lowell, qui avait fondé et financé l'observatoire où cette planète a été découverte : le découvreur de Pluton n'a pas oublié de mentionner son sponsor !

Halley, déjà

Dans son célèbre tableau *L'Adoration des mages*, le peintre italien Giotto (né en 1266 et mort en 1337) a représenté une belle comète. On pense qu'il a été inspiré par celle passée en 1301 en Italie, et qui n'était autre que la célèbre comète de Halley.

À l'époque, bien sûr, elle ne s'appelait pas ainsi, puisque Edmond Halley, l'astronome dont elle a pris le nom, a vécu au XVIIe siècle !

L'Adoration des mages, peint par Giotto (v. 1305).

Fausse étoile, vraie planète

Peu de gens savent que l'étoile du berger n'est pas une étoile, mais la planète Vénus. Comme elle est parfois vraiment très brillante, c'est le premier point lumineux à apparaître dans le ciel après le coucher du soleil.

Et comme c'est aussi la dernière à s'éteindre quand le soleil se lève, on l'appelle aussi l'étoile du matin !

ÉTO

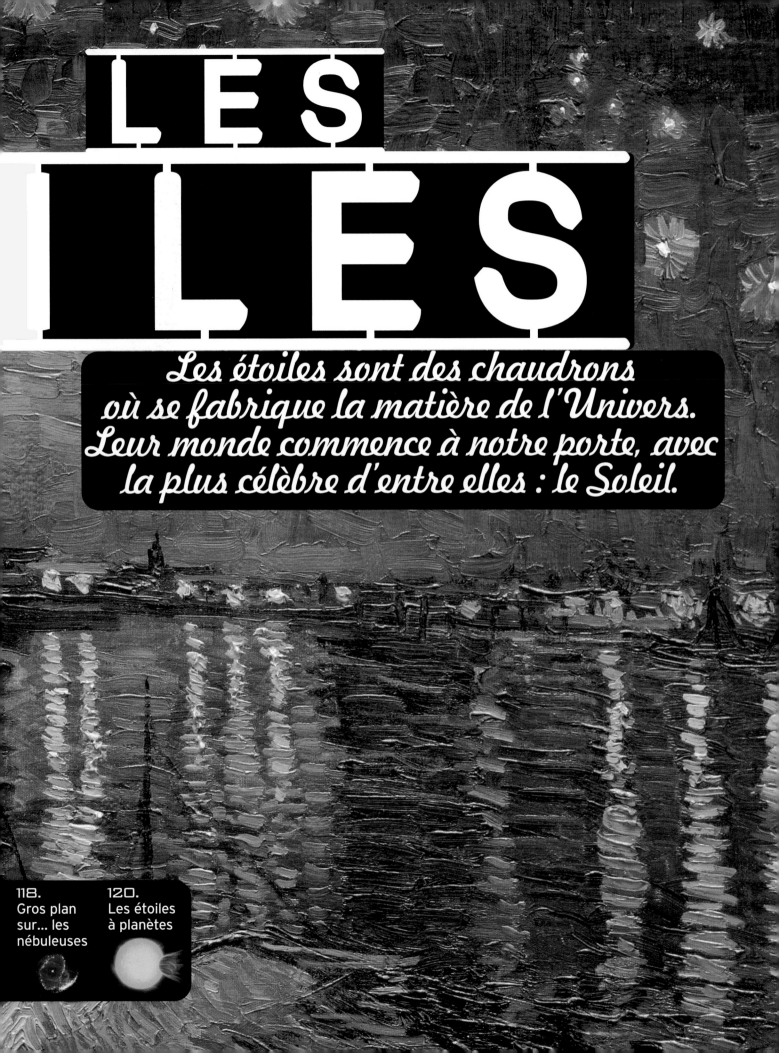

LES ÎLES

Les étoiles sont des chaudrons où se fabrique la matière de l'Univers. Leur monde commence à notre porte, avec la plus célèbre d'entre elles : le Soleil.

LE SOLEIL EST UNE ÉTOILE

Quinze millions de degrés : qui peut imaginer ce qui se passe à une température pareille ? Pourtant, c'est celle de la fournaise nucléaire au cœur du Soleil

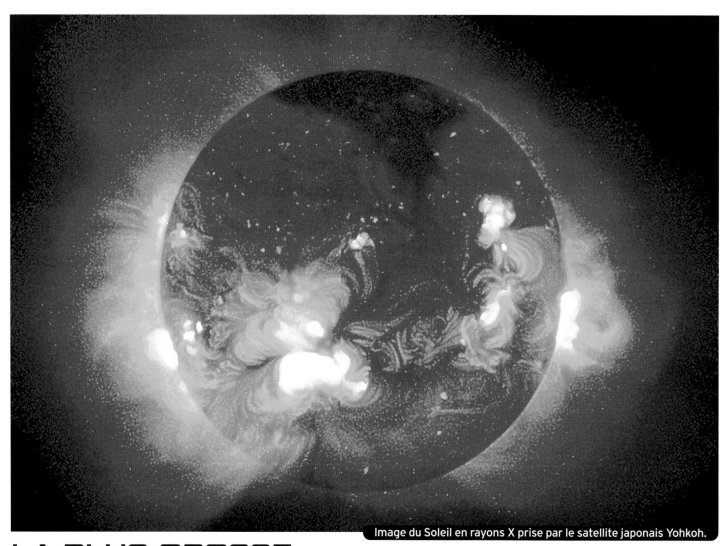

Image du Soleil en rayons X prise par le satellite japonais Yohkoh.

LA PLUS GROSSE BOULE DE GAZ DU SYSTÈME SOLAIRE

Le Soleil est à la source de toute vie sur terre : sans lui, ni chaleur ni lumière ; sans lumière, ni plantes ni animaux. Mais de quoi est-il fait ? Et pourquoi est-il brillant ? Est-ce une grande montagne brillante, comme le pensaient les Grecs ? Un pot de terre chauffé à blanc, comme l'imaginait le peuple Dogon du Mali ?

Un énorme morceau de charbon en fusion ? Rien de tout cela : le Soleil est une énorme boule de gaz très chaud. Énorme comment ? Il mesure un million et demi de kilomètres de diamètre - dix fois plus que Jupiter - et sa masse est évaluée à 2 milliards de milliards de milliards de tonnes !

LE CŒUR DU SOLEIL EST UNE USINE NUCLÉAIRE

Le cœur du Soleil est si chaud que les atomes y sont violemment agités. Parfois, ils se cognent si fort qu'ils se mélangent et se transforment en un atome plus compliqué. Chaque seconde, le Soleil transforme ainsi 600 millions de tonnes d'hydrogène en hélium. Cette transformation, la fusion nucléaire, ne se passe que dans les régions centrales très chaudes du Soleil. Elle produit énormément d'énergie, qui émerge de la surface de notre étoile sous forme de lumière et met 8 minutes à arriver jusqu'à la Terre.

CHAUD ET BRILLANT

Le Soleil est brillant parce qu'il est très chaud : 5 500 °C en surface, et au centre, une quinzaine de millions de degrés. On appelle "surface" la région du Soleil d'où s'échappe sa lumière, mais on ne pourrait pas y marcher, bien sûr, puisque c'est du gaz. Question composition, le gaz solaire contient surtout de l'hydrogène, un peu d'hélium, et des pincées d'autres atomes comme le carbone, l'oxygène, l'or et le fer.

Comme tous les rois, le Soleil a sa couronne : on appelle ainsi la région la plus extérieure du Soleil. On ne la voit que pendant les éclipses.

En chiffres

Est-ce chaud, **5 500 °C** ? L'eau bout à **100 °C** ; dans un four le gigot cuit à **200 °C** ; la partie bleue de la flamme d'une bougie est à plus de **1 000 °C** ; et le fer fond à **1 536 °C**.

LE CHANT DU SOLEIL

Le moteur du Soleil est caché dans son cœur, une région qu'on ne peut pas voir. Alors comment les astronomes connaissent-ils sa température ? En regardant comment le Soleil vibre. Car notre étoile vibre en permanence, comme un énorme flan gélatineux. Il paraît que les détectives tapent sur un mur pour savoir s'il est creux ou pas : les astronomes font pareil avec le Soleil.

DES SOLEILS DOMESTIQUÉS ?

Dans les centrales nucléaires qui produisent de l'électricité, au contraire de ce qui se passe dans le Soleil, on casse des atomes compliqués en atomes plus simples pour produire de l'énergie.

LES HUMEURS DU SOLEIL

Le Soleil mène une vie sans histoires depuis 5 milliards d'années. Cela ne l'empêche pas de faire de grosses colères tous les onze ans.

COUVERT DE TACHES

Il paraît que le Soleil est une étoile plutôt calme, mais, vu de la Terre, il n'a pas toujours l'air tranquille. Quand il est en colère, le Soleil se couvre de taches sombres, ou bien il crache du gaz brûlant : ce sont les éruptions. Ces périodes de Soleil "actif" se produisent environ tous les 11 ans. Le Soleil passe donc par des alternances de calme et d'activité. Pourquoi, on ne le sait pas exactement, mais ce cycle pourrait bien avoir de l'importance pour le climat de la Terre.

LE CHAUDRON SOLAIRE

Si le Soleil ne porte souvent aucune tache quand il est calme, il peut en montrer des centaines quand il est actif. Ces taches solaires semblent plus sombres que le reste du Soleil, parce qu'elles sont moins chaudes : leur température est de 3 000 ou 4 000 °C, au lieu de 5 500. Quand on prend des photos du Soleil à intervalles réguliers, on voit les taches se déplacer, car le Soleil tourne sur lui-même. On les voit aussi changer de forme, grossir, maigrir, parfois disparaître. On a maintenant des images très précises du Soleil, qui montrent que sa surface est un véritable chaudron de sorcière qui bout à gros bouillons !

C'est normal quand on y pense : comme le cœur du Soleil est bien plus chaud que sa surface, il se passe la même chose que quand on met une casserole de soupe sur le gaz. Chauffé par en dessous, le liquide se met à bouillir. Le bouillonnement mélange les régions chaudes et froides. Sur le Soleil, les taches sont des endroits qui n'arrivent pas à bouillonner et sont donc moins chauds que le reste.

Une tache solaire.

Quand le Soleil entre en éruption, il envoie partout dans l'espace des atomes chargés d'énergie. Quand des atomes de l'atmosphère de la Terre reçoivent ces particules, ils émettent de la lumière de différentes couleurs : ce sont les aurores boréales.

QUAND LE SOLEIL FAIT DES ÉRUPTIONS

Beaucoup plus spectaculaires que les taches, les éruptions : sans crier gare, le Soleil envoie dans l'espace interplanétaire d'immenses langues de gaz très chaud, parfois plus grandes que la distance de la Terre à la Lune ! Les éruptions durent entre quelques minutes et quelques heures... Elles peuvent avoir des effets sur Terre, certains "décoratifs" comme les aurores boréales ou australes, d'autres plus ennuyeux.

Par exemple, les communications radio peuvent être coupées, et les lignes d'électricité à haute tension abîmées. Et s'il y a des astronautes en orbite autour de la Terre, ils peuvent être touchés par des radiations très dangereuses.

On essaie donc de prédire les éruptions du Soleil, mais cette "météorologie de l'espace" est pour l'instant moins précise que la météo habituelle !

Une éruption solaire. Le Soleil, masqué par un disque marron, est représenté au centre par un cercle blanc.

OBSERVER LE SOLEIL

Il y a des précautions à prendre pour observer le roi Soleil. Il ne faut jamais le regarder en face, sous peine de se brûler la rétine, et encore moins le regarder à travers un ap-

pareil photo, une lunette astronomique ou des jumelles, car ces appareils concentrent la lumière. La bonne méthode pour observer par exemple les taches solaires, c'est de projeter l'image du Soleil sur une surface blanche.

LES ÉTOILES SONT DES SOLEILS

Pour les spécialistes, notre merveilleux Soleil est une banale étoile jaune. Ordinaires ou pas, toutes les étoiles brillent grâce aux réactions nucléaires qui se passent dans leur cœur.

L'étoile géante Bételgeuse est 500 fois plus grande que le Soleil.

NAINES ET GÉANTES

Si le Soleil est vraiment énorme et très chaud, il faut néanmoins savoir qu'à côté de ses milliards de sœurs les autres étoiles, le Soleil passe vraiment inaperçu.

Des étoiles, on en connaît de toutes sortes : des petites, des grosses, des très chaudes et des moins chaudes, des rougeâtres, des jaunes et des bleues. Certaines vivent très longtemps et d'autres brûlent la chandelle par les deux bouts.

Le Soleil, lui, est... banal. Il n'est pas très gros : il existe des étoiles géantes comme Bételgeuse, dans la constellation d'Orion, dont le diamètre vaut 500 fois celui de notre étoile.

D'ailleurs, les astronomes appellent les étoiles comme le Soleil des "naines" ! Un peu vexant, non ? Rassurons-nous, il y a aussi beaucoup d'étoiles plus petites que le Soleil.

UNE MESURE, DÉMESURÉE

Pas très massif non plus, le Soleil : on trouve des étoiles 100 fois plus massives que la nôtre, d'autres 10 fois moins. Petite consolation : la masse du Soleil sert à mesurer celle des autres étoiles.

Pour les astronomes, l'unité de masse n'est donc pas le kilo, mais la masse solaire : 2 milliards de milliards de milliards de tonnes.

ÉTOILES ROUGES ÉTOILES BLEUES

Enfin, le Soleil n'a rien de très chaud : 5 500 °C en surface, si on le compare à des étoiles comme Rigel, dont la température est de 11 000 °C ; mais il y en a aussi de bien plus froides, comme Arcturus, dans la constellation du Bouvier, avec "seulement" 3 000 °C.

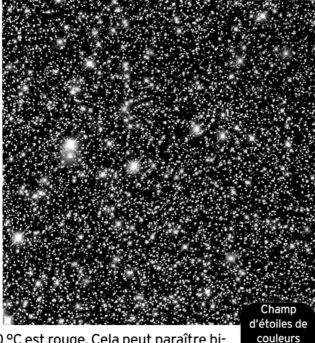

Champ d'étoiles de couleurs variées.

Il est facile de reconnaître une étoile très chaude car elle est bleuâtre. Une étoile un peu moins chaude est jaune, comme le Soleil, et une étoile froide (si on peut dire...) à 3 000 °C est rouge. Cela peut paraître bizarre que le rouge veuille dire froid et le bleu chaud. Mais il suffit de penser à ce qui se passe quand on chauffe du fer dans une forge : le morceau de fer passe du rouge à l'orange, puis au blanc-bleu.

Un champ d'étoiles près du pôle Sud céleste.

TOUTES LES MÊMES

Petites ou grosses, massives ou pas, bleues ou rouges, les étoiles fonctionnent toutes de la même manière : grâce à des réactions de fusion nucléaire, elles produisent de l'énergie dans leur cœur. Cela veut donc dire qu'à partir d'atomes simples, elles fabriquent des atomes compliqués.

Quel genre d'atomes ? Cela dépend de la masse de l'étoile : les étoiles comme le Soleil sont occupées à produire de l'hélium, un atome très simple, alors que les mastodontes de dix masses solaires ont le cœur plein de carbone, d'oxygène, ou même de fer. On peut trouver peut-être un peu étrange qu'il y ait du fer dans les étoiles, mais presque tous les atomes dont nous sommes faits ont été fabriqués dans le four nucléaire à l'intérieur d'une étoile. Comment ils en sont sortis est une autre histoire...

QUAND LES ÉTOILES VIVENT À DEUX

Dans la grande famille des étoiles, notre Soleil est vraiment un cas à part. C'est une étoile solitaire, alors que beaucoup d'autres vivent en couples !

Sirius, l'étoile la plus brillante du ciel et sa compagne, au-dessus d'elle, à droite.

LA GRANDE LOI DE L'UNIVERS

Peu de gens aiment vraiment la solitude et, dans le ciel, une majorité d'étoiles ont l'air d'être du même avis. Les astronomes se sont aperçus que les couples, qu'on appelle aussi les "étoiles doubles", étaient la règle plutôt que l'exception. Comment, d'abord, les étoiles font-elles pour vivre à deux ? C'est simple, elles ne font qu'obéir à la grande loi de l'Univers : "les masses attirent les masses".

À cause de cette attraction, les deux étoiles d'un couple passent leur vie à tourner l'une autour de l'autre. Elles sont nées en même temps, mais ne sont pas forcément de vraies jumelles.

Parfois, elles se ressemblent, elles ont à peu près la même masse et le même éclat. Mais parfois, pas du tout. Alors l'étoile la plus massive dicte sa loi à sa compagne, souvent pour le pire. Elle ne se gêne pas par exemple pour la dépouiller : lentement mais sûrement, elle lui arrache des lambeaux de gaz. En tombant sur l'étoile "cannibale", ce gaz provoque de gigantesques explosions. Puis tout redevient calme, jusqu'à la prochaine fois. Comme quoi, même pour les étoiles, la vie de couple n'est pas toujours de tout repos !

Mizar est le deuxième point lumineux de la Grande Ourse en partant de la gauche et Alcor semble "collée" à elle.

UN FAUX COUPLE CÉLÈBRE

D'autres couples d'étoiles cachent bien leur jeu... Sur le ciel, les deux compagnes semblent proches alors qu'en réalité, elles sont très éloignées l'une de l'autre et n'ont aucun rapport entre elles ! L'un de ces "faux couples" est très célèbre. Il se trouve au beau milieu de la queue de la Grande Ourse. Avec un peu d'entraînement, on distingue facilement à l'œil nu qu'il y a là deux étoiles : Mizar, la plus brillante, et Alcor, sa "complice". En fait, elles sont si éloignées l'une de l'autre que le système solaire tout entier, Soleil compris, tiendrait facilement entre elles. La lumière met trois années pour voyager de l'une à l'autre.

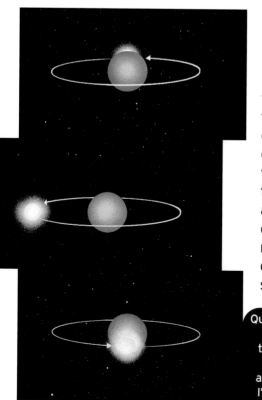

Quand deux étoiles tournent l'une autour de l'autre et s'éclipsent.

ÉCLIPSES
D'ÉTOILES

Les étoiles doubles ne s'observent pas facilement. Il faut souvent des télescopes très puissants pour découvrir, à la place de ce que l'on prenait pour une banale étoile, la présence de deux compagnes vivant côte à côte. Mais, parfois, la nature donne un petit coup de pouce aux astronomes : il faut pour cela que les deux étoiles du couple soient assez rapprochées l'une de l'autre, et orientées de telle façon que, vues de la Terre, elles se passent l'une devant l'autre.

Ainsi, les deux étoiles "s'éclipsent", et la lumière qu'on reçoit d'elles semble baisser puis remonter très régulièrement.

En chiffres

Les astronomes pensent qu'environ

75%

des étoiles vivent à deux et plus. Car ils connaissent aussi beaucoup d'étoiles vivant à 3, 4, 5, 6 ou même 7 !

QUAND LES ÉTOILES VIVENT EN GROUPE

Un peu à la manière des abeilles, certaines étoiles s'agglutinent en essaims, qu'on appelle des "amas".

En chiffres

Le plus gros amas globulaire connu, Oméga du Centaure, contient

10

millions d'étoiles, et mesure 300 années-lumière de diamètre. La lumière met donc 300 ans pour le traverser.

PELOTES D'ÉTOILES...

Certains amas d'étoiles ressemblent à de vraies pelotes d'épingles, qu'une couturière aurait piquées en rangs très serrés sur le velours sombre de la nuit.

Ces "amas globulaires", comme on les appelle, sont effectivement des boules compactes d'étoiles, et d'autant plus denses qu'on s'approche de leur cœur. Les plus petits amas globulaires renferment déjà plusieurs centaines de milliers d'étoiles, qui s'entassent dans une sphère d'une cinquantaine d'années-lumière de diamètre. Les plus gros comptent des millions d'étoiles.

Les étoiles d'un amas globulaire sont toutes nées ensemble, dans un très lointain passé. Ces amas-là sont de vraies antiquités : ils sont presque aussi vieux que l'Univers lui-même! Ces rescapés de la nuit des temps, témoins du moment où les premières étoiles se sont allumées, intéressent les astronomes.

Malheureusement, ils sont beaucoup plus lointains que les étoiles banales, et donc plus difficiles à étudier. Le plus proche de nous se trouve à 7 000 années-lumière de nous. Quant aux autres, ils nous "narguent" à 15 000, 20 000 ou 25 000 années-lumière !

Une "colonie" de centaines de milliers d'étoiles : voici l'amas globulaire M80, à 28 000 années-lumière de la Terre.

Ci-dessus : Dans l'amas des Pléiades, à l'œil nu, on peut voir six étoiles qui brillent intensément d'une belle couleur bleutée. Mais en réalité, l'amas abrite environ 500 étoiles.

Ci-contre : Les étoiles agglutinées du gros amas globulaire Oméga du Centaure.

... OU GROUPES DE JEUNES

Les "amas ouverts" sont beaucoup plus jeunes, plus proches de nous, plus clairsemés et, aussi, moins riches en étoiles. Le plus célèbre du ciel est l'amas des Pléiades, dans la constellation du Taureau.

Toutes ses étoiles sont nées ensemble il y a moins de 100 millions d'années. Elles sont très jeunes, comparées au Soleil, âgé de 5 milliards d'années ! Ainsi, imaginons que le Soleil a 50 ans : alors les étoiles des Pléiades, elles, n'ont pas encore un an.

LES SŒURS PERDUES DU SOLEIL

Les étoiles d'un amas globulaire sont vieilles, et leur destin est de rester à jamais agglutinées les unes aux autres, contre vents et marées. Au contraire, les étoiles d'un amas ouvert sont très jeunes et vont finir par se quitter. Au fil du temps, elles vont s'éparpiller, chacune allant de son côté.

C'est sans doute ce qui est arrivé à notre Soleil. Il est né ainsi, au sein d'un petit amas d'étoiles. Mais, depuis, il a perdu tout contact avec ses sœurs, qui se sont dispersées un peu partout à travers la Voie lactée. Aujourd'hui, notre étoile n'a plus aucune chance de retrouver la trace de sa famille.

COMMENT LES ÉTOILES NAISSENT

Pour fabriquer des étoiles, la recette est simple : il faut un nuage de gaz, une grosse louche de poussières, et beaucoup de patience.

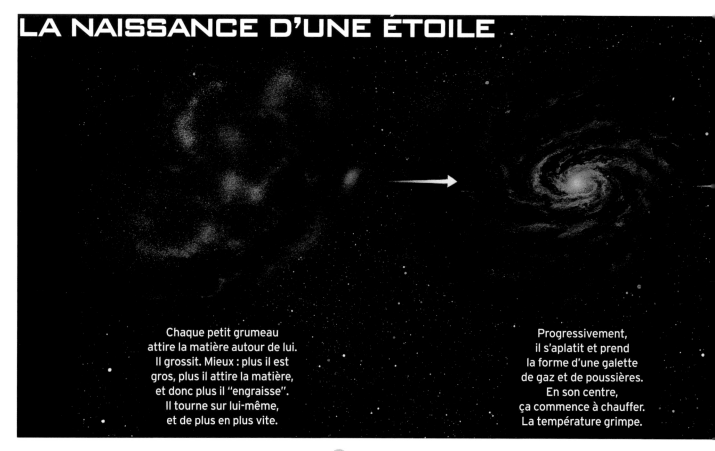

Jeunes étoiles au centre d'un nuage sombre.

IL ÉTAIT UNE FOIS UN NUAGE...

Dans l'Univers, beaucoup d'histoires commencent par "Il était une fois un nuage". Celle des étoiles n'échappe pas à la règle. Il était une fois, donc, un nuage de gaz (de l'hydrogène, toujours...) et de poussières, qui, un beau jour, commence à s'effondrer sous son propre poids. Il ne le fait sûrement pas tout seul : il lui faut un "coup de main". Par exemple, une grosse étoile qui explose pas très loin de lui, dans un éclair de lumière. De telles explosions créent une violente onde de choc qui se propage à vive allure dans l'espace. Quand cette onde vient frapper un nuage, cela le déstabilise et le fait s'effondrer sur lui-même.

Reprenons. Dans notre nuage de gaz et de poussières qui s'effondre apparaissent des grumeaux, des sortes de "poches" plus denses. Chacun de ces grumeaux va pouvoir donner naissance à une étoile.

LA NAISSANCE D'UNE ÉTOILE

Chaque petit grumeau attire la matière autour de lui. Il grossit. Mieux : plus il est gros, plus il attire la matière, et donc plus il "engraisse". Il tourne sur lui-même, et de plus en plus vite.

Progressivement, il s'aplatit et prend la forme d'une galette de gaz et de poussières. En son centre, ça commence à chauffer. La température grimpe.

UN SECRET BIEN GARDÉ

Les choses se passent-elles vraiment ainsi ? Les astronomes pensent que oui, mais ils n'en sont pas sûrs à cent pour cent. Pourquoi ? Parce que les bébés étoiles sont enveloppés de langes de poussières. Cette poussière ressemble à un cocon opaque :

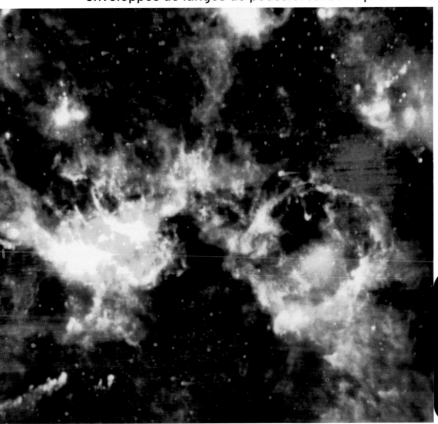

elle empêche presque toute la lumière, sauf l'infrarouge et les ondes radio, de passer. Donc, les astronomes n'ont eu que rarement l'occasion d'assister "en direct" à ce moment émouvant où un bébé étoile sort du néant pour commencer sa vie. La naissance des étoiles reste encore un événement très mystérieux.

Cachées dans les nuages de la nébuleuse d'Orion, des étoiles sont en train de naître.

Lorsqu'elle atteint plusieurs millions de degrés, la lumière jaillit : au cœur de la galette, un bébé étoile s'allume. D'abord, il luit timidement. Il lui faudra encore un peu de temps pour que démarrent les réactions de transformation de l'hydrogène qui le feront vraiment briller. Alors seulement, une étoile sera née !

Pour l'instant, le bébé étoile souffle très fort pour se refroidir un peu. Il projette au loin le gaz et la poussière qui restent du grumeau du début de l'histoire.

De ce reste de nuage pourront naître, quelque temps après... des planètes.

COMMENT LES ÉTOILES VIVENT

Les étoiles mènent pendant longtemps une vie plutôt tranquille. Mais, comme dans la fable de La Fontaine, il y a les cigales qui gaspillent et les fourmis qui économisent.

L'étoile *R Corona Australis* (au centre) est encore très jeune. Mais elle va vivre bien moins longtemps que notre Soleil.

PLUS DE MASSE, MOINS DE VIE

En fait, plus une étoile est massive, plus sa vie est courte. Les grosses étoiles sont de vraies cigales, qui dépensent leur hydrogène sans compter. Tout se passe comme si elles étaient lancées dans une sorte de "course à l'énergie" : il faut qu'elles en produisent toujours plus, et de plus en plus vite. Bref, elles gaspillent leur hydrogène, en le consommant à un rythme infernal. En conséquence, leur vie dure à peine un battement de cils à l'échelle de l'Univers.

La nébuleuse de la Carène, où se cache une grosse étoile sur le point d'exploser.

LES NAINES ROUGES, CHAMPIONNES DES ÉCONOMIES

Notre Soleil, lui, fait partie du petit peuple des fourmis, autrement dit des étoiles économes. Sa masse très moyenne (pour une étoile) lui garantit une existence de 10 milliards d'années. Vieux de 5 milliards d'années, il en est donc aujourd'hui à la moitié de sa vie.

Mais les vraies doyennes de l'Univers sont les naines rouges, des étoiles encore moins massives que le Soleil. Championnes toutes catégories des économies, elles consomment leur hydrogène à tout petit feu. À ce rythme, elles peuvent vivre jusqu'à 200 milliards d'années, quasiment une éternité !

Quoi qu'il en soit, quand une étoile a épuisé tout son carburant, c'est le signe qu'elle va disparaître. Cette disparition sera progressive pour le Soleil, et grandiose dans le cas des grosses étoiles.

INJUSTICE CÉLESTE

Ainsi va le destin des étoiles : ces grosses boules de gaz passent la plus grande partie de leur vie à brûler tranquillement l'hydrogène dont elles sont composées. Ainsi, elles le transforment en atomes plus lourds, plus compliqués, comme l'hélium. Cette transformation produit de l'énergie, mais elle a un prix : plus les réserves d'hydrogène s'épuisent, plus la tranquillité de l'étoile est menacée.

Combien de temps vivent les étoiles ? Leur durée de vie dépend complètement de leur masse. Et, si surprenant que ça puisse paraître, les étoiles les plus massives, celles qui possèdent au départ les plus grandes réserves d'hydrogène, ne sont pas les plus chanceuses, bien au contraire !

Dans cette nébuleuse géante, brillent des étoiles à différentes étapes de leur vie.

Une étoile trente fois plus massive que le Soleil ne peut pas espérer vivre plus de 10 millions d'années. Une étoile de trois masses solaires gagne un peu de répit : son existence dure 500 millions d'années. Cela semble long, mais c'est tout de même vingt fois plus court que ce que vivra le Soleil !

COMMENT LES ÉTOILES MEURENT

Un jour, les étoiles meurent faute de carburant nucléaire. Le Soleil tombera en "panne sèche" dans 5 milliards d'années et deviendra alors géante rouge puis naine blanche...

FIN DU PREMIER ÉPISODE

À force de brûler son hydrogène, chaque étoile finit un beau jour sans carburant. Pour le Soleil, ce jour arrivera dans environ 5 milliards d'années. De l'hydrogène, il lui en restera des quantités, mais dans ses couches extérieures, là où il ne fait pas assez chaud pour amorcer les réactions de fusion. Plus de fusion, plus d'énergie : c'est la crise.

Science ou fiction ?

IL Y A DES PLANÈTES DANS UNE NÉBULEUSE PLANÉTAIRE.

➜ NON. Pas du tout, mais quand on regarde une nébuleuse planétaire avec un petit télescope, on voit un objet flou qui ressemble à une planète.

RENAÎTRE DE SES CENDRES

Solution : brûler l'hélium. Mais il faut pour cela une température de 100 millions de degrés. Le cœur de l'étoile va se contracter et se réchauffer à cette température inimaginable. Alors, de nouvelles réactions de fusion se produiront. Les atomes d'hélium se transformeront en atomes de carbone, d'oxygène et d'azote, ce qui va de nouveau dégager de l'énergie.

Gros plan sur des petits grumeaux de gaz dans les coquilles de la nébuleuse de l'Hélice.

QUAND LE SOLEIL DEVIENDRA GÉANTE ROUGE

Un répit d'un petit milliard d'années commencera alors pour le Soleil. Cette énergie nouvelle fera gonfler ses couches extérieures. Il enflera et se dilatera tant et si bien qu'il atteindra presque l'orbite de Mars ! Sa surface se refroidira et deviendra d'un beau rouge (rien de contradictoire avec le fait que son cœur, lui, sera bien plus chaud que maintenant) : voilà le Soleil devenu une géante rouge.

La nébuleuse de l'Hélice. Les régions jaunes et rouges sont des "coquilles" de gaz crachées par une vieille étoile (le point brillant et bleuâtre au centre de l'image).

UN SOLEIL
SANS ÉNERGIE

Plus tard encore, l'histoire se complique et s'accélère. Le Soleil se mettra à ho-queter, à cracher des "coquilles" de gaz chauds, à gonfler, à rétrécir... Ces symp-tômes trahiront un nouveau manque de carburant : l'hélium du cœur commence-ra à s'épuiser. Mais, cette fois, le Soleil n'aura pas de nouvelle astuce pour s'en sortir. Sans énergie, il va se dégonfler complètement et s'effondrer sous son propre poids. Il deviendra alors une naine blanche, astre minuscule, très chaud et très dense : une masse pas très différente de celle du Soleil, mais de la taille de la Terre. Une petite cuiller de naine blanche pèse au moins une tonne !

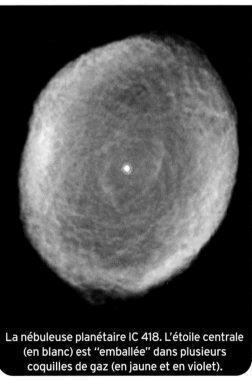

La nébuleuse planétaire IC 418. L'étoile centrale (en blanc) est "emballée" dans plusieurs coquilles de gaz (en jaune et en violet).

NÉBULEUSE PLANÉTAIRE

Pendant quelques milliers d'années, on pourra admi-rer à l'endroit où était le Soleil, une magnifique né-buleuse planétaire : cette coquille irrégulière sera le reste des gaz crachés par l'étoile agonisante. Mais il n'y aura plus personne sur terre pour contempler le spectacle : toutes les pla-nètes de l'ancien système solaire auront été carboni-sées ou vaporisées. Quant à la naine blanche, elle se refroidira doucement, jusqu'à la fin des temps.

... les étoiles massives finissent dans un feu d'artifice : elles explosent en supernovae.

UNE VIE À CENT À L'HEURE

Les étoiles massives sont rares, mais extraordinairement brillantes, des milliers de fois plus brillantes que notre Soleil. Pendant leur courte vie, elles consomment le carburant nucléaire à toute allure : d'abord l'hydrogène, puis l'hélium, puis le carbone et les atomes plus lourds. Mais, quand on arrive au fer, il faut s'arrêter.

En effet, alors que toutes les réactions précédentes produisent de l'énergie, pour la fusion du fer en atomes plus compliqués, il faut en fournir. Or, précisément, de l'énergie, il n'y en a plus !

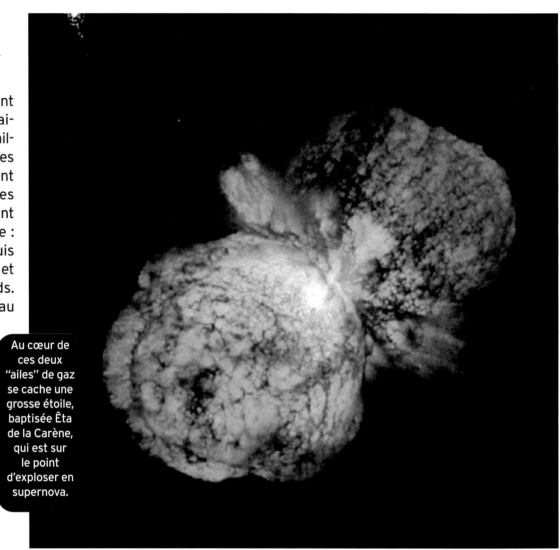

Au cœur de ces deux "ailes" de gaz se cache une grosse étoile, baptisée Êta de la Carène, qui est sur le point d'exploser en supernova.

UNE FIN EXPLOSIVE

Voici notre étoile massive quelques millions d'années après sa naissance : elle a un cœur de fer très dense et chaud, entouré de couches successives de gaz moins chaud fait d'atomes plus simples. La couche extérieure est composée d'hydrogène. Plus de production d'énergie au centre : c'est le drame. L'étoile s'effondre sous l'effet de son poids énorme et les couches extérieures se précipitent sur le cœur de fer.

Ce cœur est très dur et le gaz arrive dessus très rapidement : il ne peut alors se passer qu'une chose, le gaz rebondit sur le cœur de l'étoile et repart à toute allure vers l'extérieur. Une explosion gigantesque se pro-duit alors, que les astronomes appellent "supernova".

L'explosion elle-même ne dure que quelques minutes. Pour une fois que les astronomes ne parlent pas en milliards d'années ! Et pendant ces quelques minutes, presque toute l'étoile déchiquetée est vaporisée dans l'espace intersidéral. Mine de rien, cet événement rare (il y a deux ou trois explosions de supernovae par siècle dans notre Galaxie) est très important. Les étoiles comme le Soleil, en mourant, envoient dans l'espace des atomes comme le carbone. Mais, aux supernovae, nous devons l'oxygène, le calcium, le fer, l'or, l'uranium, et bien d'autres choses encore !

NAISSANCE D'UN TROU NOIR

Que reste-t-il de l'étoile après l'explosion ? Un astre très dense et très petit : suivant les cas, une étoile à neutrons ou un trou noir. Une étoile à neutrons est terriblement dense : une pincée d'étoile à neutrons pèse autant qu'un superpétrolier !

Le trou noir est encore plus difficile à imaginer : il a quelques kilomètres de diamètre, mais il est si dense que tout ce qui passe à portée est inévitablement aspiré et que rien ne peut en sortir, même pas la lumière...

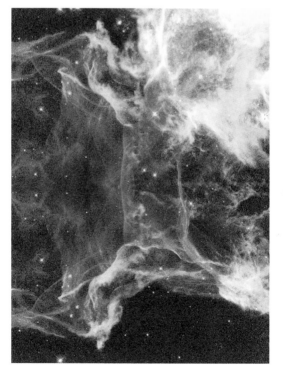

Ces trois nuages de gaz ont été formés par l'explosion de supernovae.

En 1987, les astronomes ont vu une supernova exploser dans le Grand Nuage de Magellan. Depuis, elle s'est entourée d'anneaux de gaz.

LES NÉBULEUSES

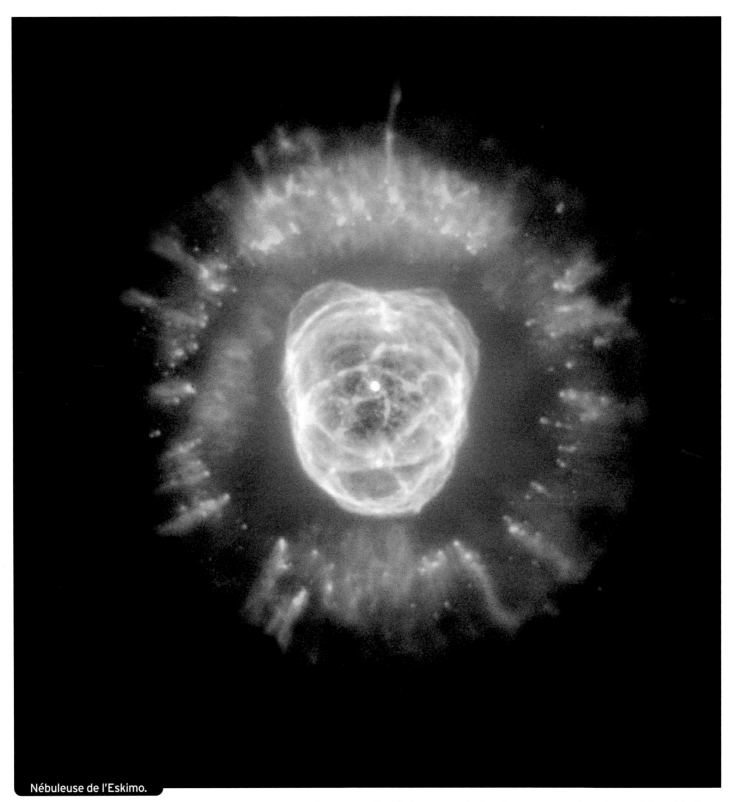

Nébuleuse de l'Eskimo.

UN PEU PARTOUT DANS LA VOIE LACTÉE flottent d'immenses nuages de gaz et de poussières. Ce sont les "nébuleuses" et, comme les êtres humains, il n'y en a pas deux semblables !

Certaines sont des berceaux où naissent les étoiles. D'autres, au contraire, signalent qu'une étoile est morte. Mais toutes nous font un festival de couleurs et de formes bizarres.

LA NÉBULEUSE D'ORION
abrite dans ses langes des foules de bébés étoiles.

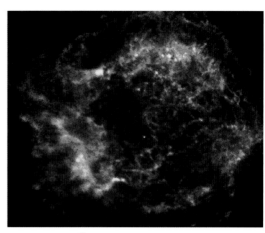

CETTE NÉBULEUSE
est un "reste de supernova". Elle est née de la mort violente d'une étoile, qui a explosé il y a très longtemps, à 10 000 années-lumière de nous.

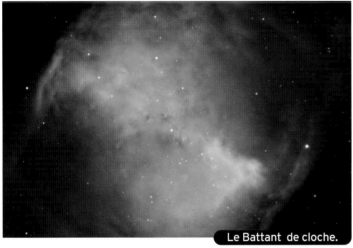

Le Battant de cloche.

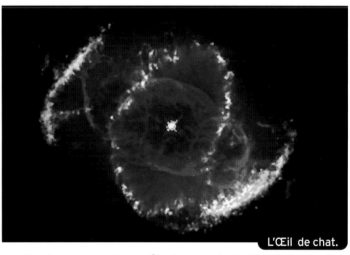

L'Œil de chat.

NÉBULEUSES PLANÉTAIRES
Quand une étoile comme le Soleil arrive à la fin de sa vie, elle s'essouffle et souffle, pour se débarrasser d'une partie de son gaz. Les nébuleuses du Battant de cloche, de l'Œil de chat et de l'Eskimo sont nées comme ça. On les appelle des "nébuleuses planétaires".

SIMPLEMENT ÉCLAIRÉ
PAR DES ÉTOILES VOISINES,
ce grand nuage a un petit air de ressemblance avec... avec... Allez, un indice : on l'appelle la nébuleuse Amérique du Nord.

LA NÉBULEUSE DE LA TÊTE DE CHEVAL
contient tellement de poussières que nous ne pouvons pas voir les étoiles qui sont derrière elle. Son drôle de profil lui a valu le nom de nébuleuse de la Tête de cheval – mais "hippocampe" conviendrait mieux !

LES ÉTOILES À PLANÈTES

Le Soleil est-il la seule étoile de l'Univers à être entourée de planètes ? Non. Les astronomes s'en doutaient depuis longtemps, mais maintenant ils en sont sûrs !

Vue d'artiste de l'étoile HD 46375 et de son exoplanète, l'une des premières à avoir été détectée.

EXOPLANÈTES

On les appelle les planètes "extrasolaires", ou encore les "exoplanètes". Depuis 1995, la liste de ces nouvelles planètes, tournant autour d'une autre étoile que la nôtre, n'en finit pas de s'allonger.

Aucune de ces nouvelles planètes n'a été vue directement. Elles sont trop loin de nous, trop petites, trop discrètes (elles ne brillent pas par elles-mêmes) et, enfin, elles sont complètement noyées dans les feux de leur étoile.

Mais les astronomes savent qu'elles existent parce que, en tournant autour de leur étoile, elles dérangent son mouvement. Elles "l'attirent" un peu d'un côté puis de l'autre. Ce très léger tiraillement fait varier la lumière de l'étoile.

COLLÉES À LEUR ÉTOILE

À quoi ressemblent ces lointaines cousines de la Terre ? En fait, elles rappellent beaucoup Jupiter. Elles sont grosses, de la taille de nos planètes géantes, ou plus grosses encore. Cela ne veut pas dire que de plus petites planètes, de la taille de la Terre, n'existent pas. Mais, plus la planète est petite, moins elle perturbe son étoile, et moins elle a de chances d'être détectée. Ensuite, beaucoup de ces nouvelles venues sont très proches de leur étoile. Si proches qu'elles sont pour ainsi dire collées à elle : la toute première exoplanète détectée est six fois plus proche de son étoile que Mercure ne l'est du Soleil. Ce n'est pas du tout ce que l'on observe dans notre système solaire, où les planètes géantes sont plutôt très éloignées du Soleil... Les astronomes nagent en plein mystère.

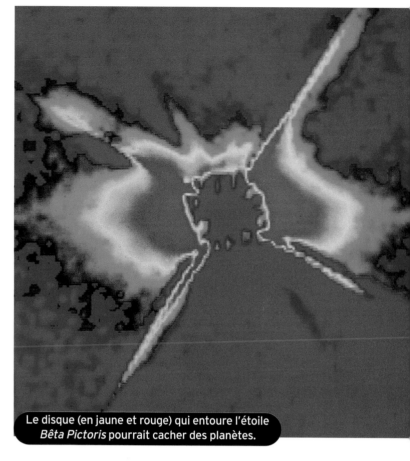

Le disque (en jaune et rouge) qui entoure l'étoile *Bêta Pictoris* pourrait cacher des planètes.

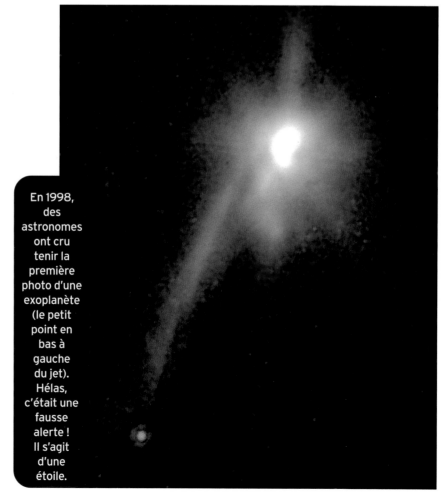

En 1998, des astronomes ont cru tenir la première photo d'une exoplanète (le petit point en bas à gauche du jet). Hélas, c'était une fausse alerte ! Il s'agit d'une étoile.

DES MONDES BRÛLANTS

Ces nouveaux mondes pourraient-ils être habités ? Ne rêvons pas : il y a peu de chance. D'abord, comme Jupiter, Saturne, Uranus et Neptune chez nous, il s'agit sans doute de planètes gazeuses : ce n'est pas le meilleur endroit pour permettre à des formes de vie de s'épanouir. Et puis, blotties comme elles le sont dans les feux de leur étoile, ces planètes doivent être de vraies fournaises ! Quelle vie étrange pourrait résister à leur atmosphère surchauffée ?

LE MESSAGER DES ÉTOILES

Le jour où...

... une étoile s'invita dans le ciel

Nous sommes le 4 juillet 1054 et, à la cour de l'empereur de Chine, circulent les bruits les plus fous. On murmure, on s'interpelle dans les couloirs. Pensez donc ! Les astronomes impériaux viennent d'annoncer une étrange nouvelle : une étoile s'est "invitée" dans le ciel. Hier encore, elle n'était pas là. Et aujourd'hui, elle brille de tous ses feux. Elle est tellement étincelante qu'elle est visible même en plein jour !

Surveiller, interpréter, prédire...

Devant un tel "prodige", les astronomes chinois en arriveraient presque à regretter de faire ce

métier ! D'accord, depuis des siècles, la charge d'astronome de l'empereur est très convoitée et elle vaut beaucoup d'honneurs à ceux qui l'occupent. Ils sont chargés ni plus ni moins de surveiller le ciel d'est en ouest et du nord au sud, pour noter tout ce qui s'y passe et guetter le moindre signe de changement. Ils doivent ensuite interpréter ces signes pour prédire les événements à venir – autrement dit, ils sont un peu astrologues.

Apparition et... disparition

Mais, devant cette étoile qui s'est invitée toute seule, ils sèchent carrément. En tous cas, ils

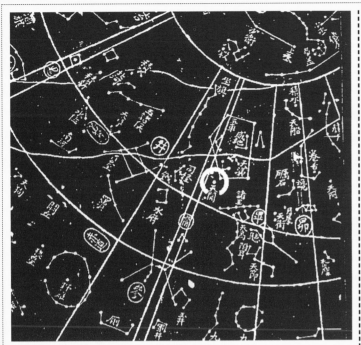

La supernova de 1054 est entourée d'un cercle blanc sur cette carte du ciel.

Peut-on acheter une étoile ?

Le ciel est à tout le monde, mais il n'est pas à vendre, pas plus que la Lune ou que les planètes du système solaire ! Pourtant, il est vrai que certaines sociétés, notamment aux États-Unis, ont vendu (et vendent encore) des étoiles. L'acheteur reçoit un "titre de propriété", où est mentionné le numéro de l'étoile (seules les étoiles les plus brillantes pos-

sèdent un nom ; les autres n'ont le plus souvent qu'un numéro). Or tout cela n'a strictement aucune valeur. L'étoile "vendue" existe vraiment, son numéro aussi (c'est celui que lui ont donné les astronomes), mais l'acheter revient à acheter du vent, ou une vague de l'océan.

notent minutieusement leurs observations. Pendant presque un mois, la nouvelle venue brille fièrement aux côtés du Soleil, avant que son éclat commence à diminuer. Un an plus tard, l'étoile a disparu du ciel. En fait, elle n'est plus visible à l'œil nu − à c'est époque-là, c'est le seul moyen d'observer le ciel : les lunettes et les télescopes n'existent pas encore !

La nébuleuse du Crabe
Les astronomes chinois l'ignoraient à cette époque, mais l'apparition très brillante était en réalité une supernova. Ils ont vu la mort d'une grosse étoile qui, arrivée à bout de souffle, avait

explosé, projetant des tonnes et des tonnes de débris autour d'elle. En réalité, l'étoile avait explosé bien longtemps avant que les humains la voient : dans l'Univers, le "direct" n'a pas grand sens. L'explosion s'était produite à 6 500 années-lumière de nous, ce qui veut dire que son flash de lumière avait voyagé 6 500 ans avant d'arriver jusqu'à la Terre ! Les débris dispersés par l'explosion sont encore visibles aujourd'hui avec un gros télescope, dans la constellation du Taureau : ils forment une sorte de nuage, qui s'effiloche au fil du temps, et qui est connu sous le nom de "nébuleuse du Crabe".

EN BREF

Selon l'une des innombrables légendes égyptiennes, Rê, le dieu Soleil, naissait comme un enfant chaque matin, grandissait jusqu'à midi, puis commençait à vieillir et mourait à la tombée de la nuit.

Les astres dans l'art

Le ciel des artistes est parfois bien différent de celui des astronomes.

Peinture sur parchemin représentant le Soleil, sauveur du monde. Rouleau éthiopien des XVIIIe-XIXe siècles.

Et fixe les cheveux d'une étoile, Joan Miró (v. 1935).

La Nuit étoilée, Arles, Vincent Van Gogh (1888).

*D*ans ce tableau peint par Van Gogh en septembre 1888, les étoiles brillent d'un éclat insoutenable et ont l'air de danser... Mais Van Gogh a bel et bien peint ce qu'il voyait dans le ciel cette nuit-là, vers neuf heures du soir. On y voit clairement la Grande Ourse. Et si les étoiles scintillent bizarrement, c'est peut-être qu'il y avait du mistral ?

Paysage avec la chute d'Icare, Pieter Bruegel (v. 1555).

Messages vers les étoiles

Y a-t-il quelqu'un dans l'immensité cosmique ? Pour le savoir, les astronomes ont tenté leur chance et envoyé des messages, comme des bouteilles à la mer.

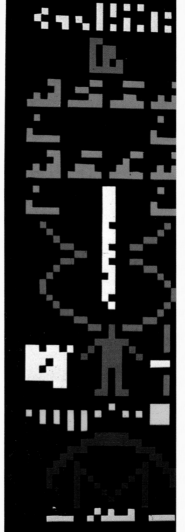

Hercule, réponds-nous !

Trop grosses, trop chaudes... Il est peu probable que les planètes détectées récemment autour d'autres étoiles que le Soleil abritent de la vie, et encore moins une civilisation comme la nôtre, avec sa technologie moderne. Mais les astronomes n'ont pas attendu la découverte de ces nouvelles planètes pour avoir envie de signaler notre présence à d'éventuels extraterrestres. Certains choisirent d'envoyer le seul message qui circule dans le vide de l'espace : la lumière. Et pas n'importe laquelle : des ondes radio. Mais comment avoir une chance de "contacter" des planètes que l'on ne voit pas (n'oublions pas que nous sommes encore incapables de voir des planètes autres que celles du système solaire) ? Seule solution : viser des étoiles, en espérant qu'il y a des planètes autour. En 1974, pour la première fois dans l'histoire de l'humanité,

un message radio codé est ainsi parti en direction des étoiles de l'amas globulaire d'Hercule. Mais il y a un tout petit problème : ce gros amas, riche de centaines de milliers d'étoiles, se trouve à 24 000 années-lumière de nous. Le message va forcément mettre 24 000 ans pour arriver jusque là-bas. Et la réponse mettra forcément autant d'années-lumière à revenir, tout ça sans compter le temps qui aura été nécessaire avant pour capter le message, le comprendre et y répondre. Bref, la réponse, si réponse il y a, n'arrivera pas sur la terre avant... l'an 49974 !

L'observatoire d'Arecibo (à droite) d'où a été envoyé le message (à gauche) destiné aux extra-terrestres.

Vacarme radio dans l'espace

Les terriens envoient tous les jours sans le savoir des messages qui vont leur petit bonhomme de chemin. Depuis les années 1920, toutes les émissions radiophoniques de la planète Terre forment un joyeux brouhaha qui progresse dans l'espace intersidéral. Les premières ondes radio ont déjà voyagé 80 ans, et ont donc parcouru 80 années-lumière. Qui sait si des extraterrestres ne les ont pas captées ? Il faut juste qu'ils existent et qu'ils soient sur la bonne fréquence !

Drôles de télégrammes

D'autres astronomes ont tenté leur chance un peu plus à l'aveuglette. Ainsi, en 1972 et 1973, deux sondes américaines, baptisées Pioneer 10 et 11, partirent étudier les deux plus grosses planètes du système solaire : Jupiter pour Pioneer 10 et Saturne pour Pioneer 11. Toutes deux embarquaient aussi un drôle de "télégramme" à l'attention des extraterrestres : une plaque de métal doré où étaient gravés, entre autres, les silhouettes d'un homme et d'une femme, ainsi que le plan du système solaire. En 1977, ce fut au tour des deux sondes Voyager 1 et 2 de partir explorer le royaume des planètes géantes avec, à leur bord, deux disques de cuivre comportant sons et images de notre monde. Aujourd'hui, les quatre sondes viennent à peine de sortir du système solaire (elles voyagent beaucoup plus lentement que la lumière) et aucune n'a encore rencontré d'étoile sur son chemin.

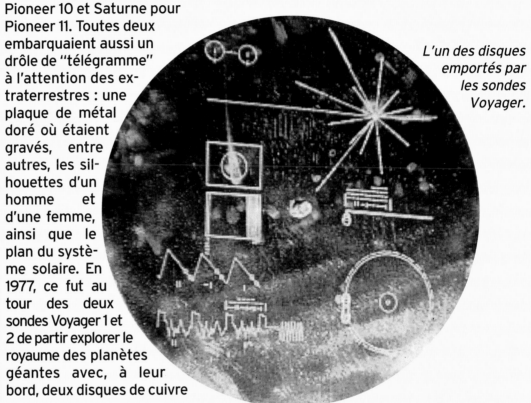

L'un des disques emportés par les sondes Voyager.

La sonde Voyager 2.

Sirius et la canicule

L e mot "canicule" désigne les fortes chaleurs qui nous tombent dessus au beau milieu de l'été. Mais d'où vient ce mot ?

D'une étoile, et pas n'importe laquelle : Sirius, la plus brillante du ciel nocturne. L'étoile Sirius appartient à la constellation du Grand Chien. Les Romains de l'Antiquité l'appelaient *Canicula*, ce qui veut dire "Petite Chienne".

Or les Romains, comme d'autres peuples avant eux, notamment les Égyptiens, avaient remarqué que, l'été, cette étoile si brillante était invisible, car elle était dans le ciel pendant la journée, aux côtés du Soleil. Ils pensaient qu'elle ajoutait alors sa chaleur à celle du Soleil pour faire monter la température et nous donner des étés brûlants. Ce n'est évidemment pas aussi simple que ça, mais le résultat est là : l'étoile *Canicula* a donné naissance à notre canicule.

Du fer dans le Soleil ?

I l y a du fer dans le Soleil. Et de l'or, de l'argent, du calcium. Mais que font là tous ces atomes, puisque le Soleil ne sait rien fabriquer de plus compliqué que l'hélium ? Tout cela remonte à bien avant la naissance du Soleil. Il était une fois, dans l'espace intersidéral, une grosse étoile, qui mijotait dans son four nucléaire des atomes de plus en plus compliqués, tant et si bien qu'un jour elle manqua de carburant et explosa en supernova. Or passait par là un nuage de gaz. Secoué par l'explosion, le nuage tout saupoudré de fer, d'or, de calcium et autres, donna naissance à de nouvelles étoiles. Et l'une de ces étoiles était le Soleil !

Trous noirs, trous de vers...

Ah, si on pouvait revenir en arrière dans le temps, ce serait pratique. Mais pour l'instant, les voyages dans le temps ne sont pas encore tout à fait au point. D'après les scientifiques, le moyen le plus simple serait de passer par un trou noir. Mais attention ! Il faut éviter le centre du trou noir, un endroit difficile à imaginer mais qui semble fort dangereux : en ce point, le temps, l'espace, la matière, l'énergie, tout cela n'existe plus. Si le voyageur réussit à contourner cet obstacle, il pourrait, paraît-il, ressortir du trou noir avant le moment où il y est entré ! À condition d'avoir survécu à la traversée. Car quand le voyageur approche du trou noir, la force de gravité l'attire très fort. Résultat, notre voyageur s'étire, s'étire comme un spaghetti, ce qui ne doit pas être très bon pour la santé ! Pour ne pas finir en spaghetti, on nous annonce qu'il existe une autre solution : les "trous de ver" : une sorte de raccourci entre des régions de notre univers très éloignées l'une de l'autre. On pourrait ainsi se promener dans le temps à sa guise, à condition de trouver un moyen d'empêcher qu'il se referme instantanément. Le voyage dans le temps n'est donc pas encore tout à fait au point. C'est dommage, car il pourrait être amusant de rencontrer son arrière-arrière-arrière-arrière grand-père !

129

GALA

LES
XIES

Où l'on retrouve la Voie lactée, et bien d'autres galaxies encore… Avec elles, partons jusqu'au bout de l'Univers, de l'espace et du temps.

LA VOIE LACTÉE, NOTRE GALAXIE

Les étoiles se groupent en immenses troupeaux qu'on appelle des galaxies. La galaxie du Soleil, c'est la Voie lactée.

L'ARCHE BLANCHE DE NOTRE GALAXIE

Notre étoile le Soleil appartient à un grand ensemble d'étoiles : une galaxie. Cette galaxie-là, on l'appelle la Galaxie avec une majuscule ou bien la Voie lactée ! Les belles nuits d'été, on ne peut pas manquer l'arche blanche qu'elle dessine dans le ciel. Cette lueur diffuse est celle de millions d'étoiles de notre Galaxie : et d'ailleurs, si on observe un petit morceau de galaxie avec un télescope, comme par miracle, apparaissent des étoiles partout.

Science ou fiction ?

LES POUSSIÈRES QU'ON TROUVE DANS L'ESPACE ENTRE LES ÉTOILES SONT DUES À UN NETTOYAGE PEU SOIGNEUX.

mourantes, les géantes rouges.
Elles ont été fabriquées par des étoiles
⬅ NON, ÉVIDEMMENT !

GALETTE D'ÉTOILES

Si nous pouvions sortir de notre Galaxie et la regarder de l'extérieur (un voyage de plusieurs milliers d'années-lumière qui est tout à fait infaisable avec les vaisseaux spatiaux actuels !), nous verrions une immense galette plate farcie d'étoiles. Alors, pourquoi observe-t-on une arche depuis la Terre ? Imaginons une grande galette remplie de petits raisins secs et accompagnons l'un de ces raisins, le Soleil. Quand nous regardons la tranche de la galette, nous voyons d'autres raisins lointains, mais en dehors de cette tranche, nous ne voyons aucun raisin. Cette vue "par la tranche" nous donne l'impression que la Voie lactée est une arche.

DES TROUS DANS LA VOIE LACTÉE ?

Vue de profil de la Voie lactée.

Les astronomes ont finalement compris qu'il y a autant d'étoiles dans ces directions-là, mais qu'elles sont cachées par des poussières. Oui, des minuscules morceaux de caillou et de glace mélangés, si petits qu'il faut en aligner mille pour faire un millimètre ! Ils sont tout petits, mais, comme ils sont très nombreux dans certaines régions, ils finissent par arrêter toute la lumière des étoiles.

La Voie lactée n'est pas un grand ruban blanc bien repassé qui traverse le ciel, loin de là. On y trouve certaines zones brillantes, et d'autres très sombres. Est-ce que cela veut dire que, dans certaines directions, il n'y a presque pas d'étoiles ? Des trous dans le ciel, en quelque sorte ?

La galaxie d'Andromède.

Cette arche blanche dans le ciel : c'est la Voie lactée.

VOIR D'AUTRES GALAXIES À L'ŒIL NU ?

Tous les astres qu'on voit à l'œil nu dans le ciel appartiennent à la Voie lactée : les étoiles, mais aussi le Soleil, la Lune et les planètes, puisque le système solaire fait partie de la Galaxie. Tous, sauf trois : dans la constellation d'Andromède, un point lumineux qui est en fait le centre d'une galaxie (on l'appelle d'ailleurs la galaxie d'Andromède) ; et, dans l'hémisphère Sud, le Grand et le Petit Nuage de Magellan, qui sont de petites galaxies.

DANS LES BRAS DE LA SPIRALE

Malgré ses 400 milliards d'étoiles et des bras qui s'enroulent en spirale dans son disque, la Voie lactée est une galaxie tout à fait ordinaire.

INVENTAIRE DE LA VOIE LACTÉE

De quoi se compose la Voie lactée ? surtout d'étoiles. Il y en aurait environ 400 milliards, de toutes sortes : des vieilles et des jeunes, des petites et des très grosses, des chaudes et des moins chaudes, des bleues, des jaunes et des rouges...

Mais on y trouve aussi du gaz et les fameuses poussières. Même si ces ingrédients-là ne comptent que pour 10 % dans la composition de la Voie lactée, l'un comme l'autre sont importants : avec le gaz, on peut fabriquer de nouvelles étoiles, et avec les poussières, on peut faire des planètes autour de ces étoiles.

À quoi pourrait ressembler la Voie lactée vue de dessus ? Sans doute à cette galaxie spirale.

LA GALAXIE VUE DE DESSUS

Depuis le système solaire, nous voyons la Voie lactée par la tranche. Mais, vue de dessus, de quoi aurait-elle l'air ? On peut s'en faire une idée en regardant d'autres galaxies semblables à la nôtre : un grand disque lumineux, avec un centre très brillant car il rassemble beaucoup d'étoiles, et de belles spirales qui s'enroulent dans ce disque. Les astronomes les appellent des bras spiraux, et les galaxies qui en contiennent sont des galaxies spirales. Le Soleil se trouve juste au bord d'un bras spiral de la Voie lactée, un peu à l'extérieur du disque, entre banlieue et centre-ville en quelque sorte.

La Voie lactée, notre Galaxie, vue par la tranche.

EMBOUTEILLAGES D'ÉTOILES

Mais qu'ont donc de spécial ces bras spiraux pour qu'on les voie aussi bien ? En plus, si on regarde bien, on s'aperçoit qu'ils ont l'air plus bleus que le reste de la Galaxie. Ce n'est pas qu'une impression. En fait, les bras en forme de spirale contiennent beaucoup d'étoiles très massives, et celles-ci, on le sait, sont à la fois très brillantes et très bleues. Ces étoiles sont toutes jeunes, elles ont quelques dizaines de millions d'années au grand maximum, et elles sont nées dans le bras spiral. Les bras spiraux sont des régions où le gaz des galaxies s'entasse comme les voitures dans un embouteillage. Souvent, il y a carambolage entre des paquets de gaz et, dans cet accident cosmique, de nouvelles étoiles naissent...

Cette spirale a reçu le nom de "galaxie tourbillon".

Galaxie spirale.

En chiffres

Le diamètre de la Galaxie est d'environ **120 000** années-lumière. Le chiffre n'est pas très précis, car elle n'a pas de bord bien net. Et comme son épaisseur est de **1 000** à **2 000** années-lumière, la Voie lactée est vraiment plate... comme une galette !

UN TROU NOIR AFFAMÉ

Comme tout disque qui se respecte, la Galaxie a un centre. Pour y aller, il faut foncer vers la constellation du Sagittaire à la vitesse de la lumière pendant 24 000 ans. Mais attention en arrivant ! Il paraît qu'il y a là-bas un énorme trou noir, qui ferait quelques millions de fois la masse du Soleil. Or les trous noirs ont une fâcheuse tendance à avaler tout ce qui passe à leur portée, et il semblerait que celui-ci n'ait rien avalé depuis longtemps. S'il avait aspiré une étoile, par exemple, la digestion de l'étoile aurait été accompagnée d'un jaillissement de lumière qu'on aurait certainement repéré.

Une spirale avec un drôle d'anneau.

LE ROYAUME
DES GALAXIES

Plates comme des galettes, rondes comme des billes, allongées comme des cigares : le monde des galaxies est varié. Varié, mais pas désordonné !

RANGÉES
SELON LEURS FORMES

À première vue, les milliards de galaxies dans l'Univers ont des tailles, des formes, des couleurs très différentes. Comment s'y retrouver ?

Une grande galaxie spirale lointaine.

Les astronomes ont pris leur courage à deux mains et ont essayé de classer les galaxies en grandes catégories d'après leur forme. Ils se sont ainsi aperçus qu'on ne pouvait pas imaginer n'importe quelle forme : pas de galaxie cubique ! Soit les galaxies ressemblent à des galettes − ce sont des galaxies spirales −, soit elles sont plus ou moins rondes − ce sont des galaxies elliptiques.

Il y a bien sûr des exceptions à cette règle et à peu près 10 % des galaxies refusent d'entrer dans le rang. On les appelle "irrégulières" : autre façon de dire qu'elles sont bizarres...

Une galaxie spirale avec une barre d'étoiles au centre.

PLATES
COMME DES GALETTES

Nous avons déjà rencontré une galaxie spirale, la Voie lactée. À 3 millions d'années-lumière de nous, la grande galaxie d'Andromède, que nous voyons presque de profil, entre dans la même catégorie.

Les images de galaxies spirales sont très variées, d'abord parce qu'un disque n'a pas le même aspect selon qu'on le regarde en face, de profil ou encore de trois-quarts. Il y a aussi des variantes dans cette catégorie, par exemple des galaxies barrées, qui ont en leur centre un ovale ou une barre très brillante.

Et les bras spiraux ? Ils peuvent être parfaitement enroulés ou complètement échevelés. Pour compliquer le tout, certaines galaxies plates n'ont pas de bras spiraux : ce sont des lenticulaires, ce qui veut dire "en forme de lentilles".

TOUT SUR LA VIE DES GALAXIES

Classer les galaxies en fonction de leur forme a permis de comprendre un peu comment elles fonctionnent. Les elliptiques ne fabriquent pas d'étoiles, alors que les spirales, comme la Voie lactée, contiennent des pouponnières d'étoiles ; c'est aussi le cas de la plupart des irrégulières. L'explication tient en deux mots : le gaz. Il n'y a pas de gaz dans les elliptiques, et il y en a dans les autres galaxies. Or il faut du gaz pour fabriquer de nouvelles étoiles. Dans les elliptiques, donc, pas de naissances !

Une galaxie géante elliptique.

La galaxie du Sombrero est une galaxie elliptique.

La galaxie du Centaure est une galaxie elliptique.

PLUS OU MOINS ALLONGÉES

D'autres galaxies sont plutôt rondes. On les appelle des galaxies elliptiques ; ce sont d'énormes boules d'étoiles plus ou moins allongées. Les plus allongées ont des formes de cigare, les moins allongées ressemblent à un ballon de rugby qui mesurerait des dizaines voire des centaines de milliers d'années-lumière de long.

LES INCLASSABLES : LES GALAXIES IRRÉGULIÈRES

Toutes les autres galaxies entrent dans la catégorie des irrégulières. Par exemple, les deux Nuages de Magellan, le Grand et le Petit. Ces deux petites galaxies sont des satellites de la Voie lactée, ce qui veut dire qu'elles lui tournent autour. Elles tournent tant et si bien qu'un jour elles pourraient finir par nous tomber dessus (mais ce sera dans des centaines de millions d'années...).

QUAND LES GALAXIES VIVENT EN GROUPE

Les galaxies ne se répartissent pas du tout au hasard dans l'Univers. Comme les étoiles, elles se rassemblent en amas, et même en superamas.

En chiffres

On pense qu'il existerait au moins **10 000** amas de galaxies dans l'Univers.

L'amas Abell 370 (au centre de l'image) : tous les petits points rouges sont des galaxies.

FLOTILLES COSMIQUES

Résumé des épisodes précédents : les étoiles vivent à deux, trois, quatre, cinq, six, dans des amas globulaires ou ouverts, mais rarement seules. De toute façon, elles cohabitent toujours les unes avec les autres dans ces majestueux vaisseaux d'étoiles que sont les galaxies.

Eh bien, les galaxies non plus n'aiment pas la solitude. On pourrait croire qu'elles sont un peu perdues sur le vaste océan cosmique. Mais, à y regarder de plus près, ces grands vaisseaux font rarement la course en solitaire : ils voguent souvent en véritables flottilles !

À CHEVAL SUR UN RAYON DE LUMIÈRE

Si l'on pouvait filer aussi vite que l'éclair en chevauchant un rayon de lumière, il nous faudrait tout de même 7 millions d'années pour circuler d'un bout à l'autre du Groupe local. Et 3 millions d'années de plus pour arriver à un autre amas de galaxies, aussi petit que le nôtre : le groupe du Sculpteur. Ce n'est qu'au bout d'un voyage de 50 millions d'années (autrement dit, après avoir parcouru une distance de 50 millions d'années-lumière) que nous atteindrions un premier vrai gros amas de galaxies, le plus proche de nous : l'amas de la Vierge. Celui-ci contient environ 3 000 galaxies. À vrai dire, lui aussi fait un peu partie de la famille, puisqu'il forme, avec notre Groupe local et quelques autres, un "amas d'amas", c'est-à-dire ce que les astronomes appellent un "superamas" de galaxies. Ça n'en finit pas !

À 400 millions d'années-lumière de nous, voici un petit groupe de quatre galaxies.

LA FAMILLE DE LA VOIE LACTÉE

Prenons notre Galaxie, la Voie lactée. On la croit seule... Grosse erreur ! D'abord, elle possède des "satellites", des petites galaxies qui lui tournent autour et qui finiront un jour par lui tomber dessus. Le Grand Nuage de Magellan et le Petit Nuage de Magellan font partie de ces satellites et, s'ils sont les plus connus, c'est parce qu'ils sont visibles à l'œil nu (mais seulement depuis l'hémisphère Sud).

Mais ce n'est pas tout. En fait, la Voie lactée a sa "famille" : elle appartient à un petit amas de galaxies, le Groupe local, qui compte une trentaine de membres. La Voie lactée est même l'une des deux plus grosses galaxies de l'amas, avec sa voisine, la grande galaxie d'Andromède (dont elle se rapproche d'ailleurs petit à petit).

JUSQU'AU BOUT DE L'UNIVERS

Plus loin encore, nous devrions parcourir 350 millions d'années-lumière pour buter contre un véritable mastodonte : l'amas de Coma, où se pressent environ 10 000 galaxies. Et ainsi de suite.

Aussi loin que porte le regard perçant de leurs grands télescopes, les astronomes voient les galaxies se rassembler en amas et en superamas, séparés par de grands espaces vides. Ils parlent même parfois "d'éponge cosmique" pour désigner cette succession de "pleins" et de "vides".

L'amas de Coma compte 10 000 galaxies.

COLLISIONS COSMIQUES

Quand les galaxies vivent au sein d'un amas,
il arrive parfois ce qui doit arriver : elles finissent
par se rencontrer, s'entrechoquer et même s'enchevêtrer !

Le choc des titans : deux belles spirales se préparent au carambolage.

QUAND DEUX GALAXIES SE RENCONTRENT

Les collisions entre galaxies au sein d'un même amas sont beaucoup moins rares qu'on ne le pense. En menant leur enquête, un peu partout dans l'Univers, les astronomes ont trouvé des preuves de ces "télescopages". Car ces rencontres entre mastodontes laissent forcément des traces ! Certaines galaxies en ressortent légèrement estropiées, d'autres deviennent carrément méconnaissables. Parfois, les deux galaxies fusionnent et n'en forment plus qu'une. Parfois encore, l'une des deux "avale" l'autre, et se retrouve avec deux cœurs brillants au lieu d'un : dans le monde cruel des galaxies, tout est permis !

FEU D'ARTIFICE D'ÉTOILES

Voici par exemple deux galaxies spirales qui s'approchent dangereusement l'une de l'autre. Que va-t-il se passer exactement ?

Leurs étoiles respectives n'ont pas grand risque de se cogner : il y a suffisamment d'espace entre elles pour qu'elles se croisent sans aucun dommage. En revanche, les disques des deux galaxies vont subir la collision, et se retrouver tout déformés, comme des roues de bicyclette voilées.

Quant au gaz présent dans les deux disques, il va être complètement comprimé. Déjà, en temps normal, quand le gaz d'une galaxie spirale est comprimé, cela fait naître des étoiles. Mais, quand deux galaxies se tamponnent de plein fouet, cela déclenche de vrais feux d'artifice, comme des rafales de nouvelles étoiles !

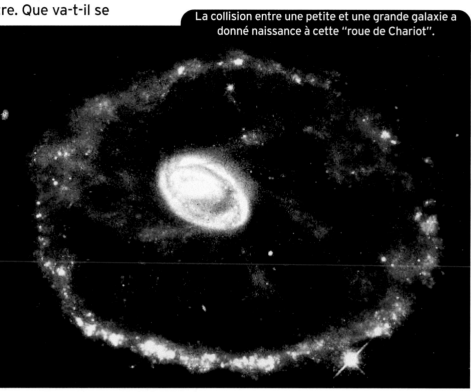

La collision entre une petite et une grande galaxie a donné naissance à cette "roue de Chariot".

LES ANTENNES : DEUX GALAXIES EN UNE

À plus de 60 millions d'années-lumière de notre Galaxie, deux galaxies dansent un drôle de ballet. Elles sont en pleine collision et ne ressemblent plus vraiment à des galaxies ordinaires. On les a surnommées "les Antennes", à cause des traînées de gaz et d'étoiles qui les relient et qui rappellent les longues antennes d'un insecte. Les deux galaxies sont parsemées de poches bleues : ce sont des régions où, à la suite de la collision, sont nées et naissent des étoiles. Leurs cœurs sont aussi visibles : ce sont les deux taches de couleur orangée.

Fusion entre deux galaxies.

Les Antennes.

LE MYSTÈRE DES ELLIPTIQUES GÉANTES

En plein milieu des gros amas de galaxies comme celui de la Vierge ou de Coma, trônent des monstres : des galaxies elliptiques géantes qui peuvent contenir jusqu'à 10 000 milliards d'étoiles ! Curieusement, il n'y a pas de galaxies spirales dans leurs parages, comme si elles avaient fait le vide autour d'elles. Les astronomes ont longtemps été intrigués par ces galaxies monstrueuses. D'où venaient-elles et pourquoi les trouvait-on pile au centre des amas ? Aujourd'hui, ils pensent qu'elles sont le résultat de fusions entre galaxies. En clair, elles ont avalé toutes les petites compagnes qui ont eu le malheur de passer à leur portée (c'est pourquoi on les appelle parfois les "galaxies cannibales"). Et plus elles en ont ingurgité, plus elles ont grossi !

QUASARS : LES MONSTRES DE L'UNIVERS

Même vus à travers un très gros télescope, les quasars ressemblent à de discrètes étoiles. Mais attention, ils cachent bien leur jeu !

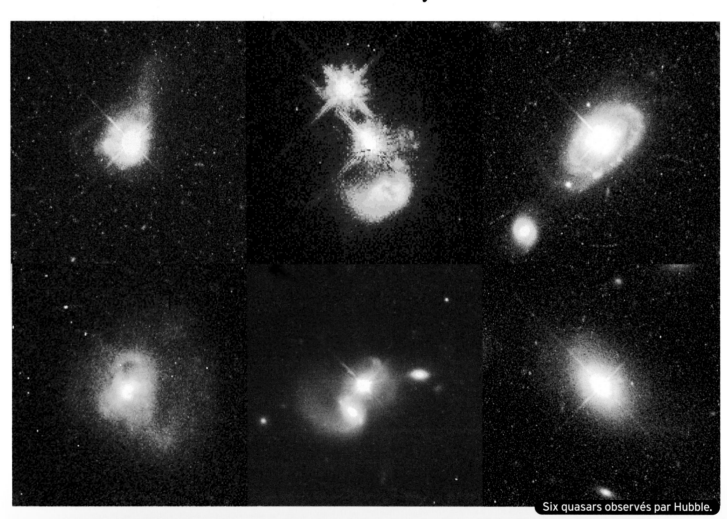

Six quasars observés par Hubble.

Une énigme pour les astronomes

"QU'EST-CE QUI EST À PEINE GRAND COMME LE SYSTÈME SOLAIRE ET QUI BRILLE AUTANT QUE DES CENTAINES DE GALAXIES RÉUNIES ?"

En 1960, les astronomes auraient répondu : "Rien, absolument rien !" Pourtant, trois ans plus tard, en 1963, furent découverts les objets les plus étranges de l'Univers. Dans un gros télescope, ces "quasars" ressemblaient à des étoiles un peu particulières. Mais on s'aperçut qu'il s'agissait d'objets plus lointains que toutes les galaxies connues à l'époque. Si lointains que, pour être détectés à de telles distances, il fallait qu'ils soient les plus lumineux de tout l'Univers !

TORRENTS DE LUMIÈRE

Les quasars sont les astres les plus éblouissants que l'on connaisse : ils crachent en permanence des torrents de lumière (y compris des ondes radio et des rayons X), qui les font briller des centaines de fois plus que notre galaxie. On sait aussi qu'ils ne dépassent pas une année-lumière de diamètre (ce qui est tout petit comparé aux 100 000 années-lumière de diamètre d'une galaxie comme la nôtre). Alors, que sont-ils exactement et comment font-ils

La galaxie du Compas.

donc pour briller autant ? Pour les astronomes d'aujourd'hui, les quasars sont en fait d'énormes trous noirs cachés au cœur de galaxies très lointaines (qui sont, elles, presque invisibles). La masse de ces trous noirs-là peut dépasser des dizaines de millions de fois celle du Soleil !

DÉVOREURS DE MATIÈRE

Mais on dit toujours que les trous noirs sont de grands dévoreurs de matière et que tout ce qui tombe dedans n'a aucune chance de s'échapper... Alors, comment ceux des quasars feraient-ils pour émettre de la lumière ? C'est simple : le trou noir attire à lui le gaz et les étoiles qui passent à sa portée. Toute cette matière tourbillonne à une vitesse folle, et d'autant plus vite qu'elle se rapproche du monstre. En tournoyant ainsi, elle s'échauffe énormément et libère des flots de lumière. C'est cette matière qui brille intensément avant de disparaître dans le gouffre sans fond du trou noir.

TROUS NOIRS ENDORMIS

Y a-t-il des quasars près de chez nous ? Non. Pour en trouver, il faut aller assez loin dans l'Univers. En revanche, il existe sûrement des trous noirs géants au cœur de beaucoup de galaxies, dont la nôtre, la Voie lactée. Les astronomes se demandent même si la différence entre les trous noirs des quasars et ceux des galaxies "normales" ne tient pas à leur degré de sommeil.

Vue imaginaire d'un trou noir géant.

Les trous noirs des quasars seraient tout à fait réveillés car ils "s'alimentent" en permanence en avalant du gaz et des étoiles. Les plus proches de nous seraient endormis car ils n'auraient plus trop de gaz et d'étoiles.

Les galaxies au cœur très brillant (comme celle-ci ou la galaxie du Compas, en haut à gauche) cachent sûrement des trous noirs géants pas du tout endormis.

LES GALAXIES DU BOUT DU MONDE

Des galaxies lointaines vues par le télescope européen VLT.

TABLEAU ABSTRAIT ? PETITS ORGANISMES VIVANTS QUI S'AGITENT SOUS UNE LAMELLE DE MICROSCOPE ?

Non, bien sûr ! Ces "tapisseries cosmiques" sont des photographies prises par deux supertélescopes : le VLT (photo de gauche), un grand télescope européen installé sur les hauteurs du mont Paranal, au Chili, et le télescope spatial Hubble (photo de droite), qui est en orbite autour de la Terre. Sur la seconde, on distingue deux points brillants d'où partent des sortes de plumets : ce sont des étoiles proches que le télescope Hubble a trouvées sur sa ligne de visée.

Des galaxies lointaines vues par le télescope spatial Hubble.

Mais intéressons-nous plutôt aux minuscules points rouges que l'on peut voir un peu partout dans les deux images. À première vue, ils ne ressemblent pas à grand-chose. Pourtant, ce sont tout bonnement les galaxies les plus lointaines connues aujourd'hui ! La lumière de ces galaxies ''du bout du monde'' a voyagé, pour les plus lointaines d'entre elles, douze milliards d'années avant d'arriver jusqu'à nous. Autrement dit, ces galaxies existaient déjà trois milliards d'années après la naissance de l'Univers. En les contemplant, nous faisons donc un fabuleux voyage, une fantastique plongée même, dans l'espace et dans le temps.

LES GALAXIES
DANS L'UNIVERS QUI GONFLE

*La Voie lactée n'a pas l'air très populaire :
toutes les galaxies s'éloignent d'elles.
Et c'est comme ça depuis le début de l'Univers.*

La lumière de ces galaxies a mis des centaines de millions d'années, des milliards d'années dans certains cas, à venir jusqu'à nous.

LES GALAXIES ROUGISSENT

Elles fuient, elles fuient, les galaxies... Eh oui, toutes les galaxies que les astronomes ont pu observer s'éloignent de la Voie lactée. Bizarre, non ? D'ailleurs, comment sait-on que ces galaxies s'éloignent ?

Comme d'habitude, on n'a aucune autre information que celle contenue dans la lumière qu'elles nous envoient. Or on sait depuis les années 1910 – avant même d'avoir acquis la certitude que ces galaxies sont comme la Voie lactée – que cette lumière est décalée vers le rouge. Qu'est-ce que cela veut dire ?

Imaginons une galaxie composée d'étoiles qui ressemblent au Soleil. Sa lumière est plutôt jaune, comme celle du Soleil. Mais, si cette galaxie-là s'éloigne de nous très vite, sa lumière nous semblera plutôt rouge !

LA FUITE À GRANDE VITESSE

Pour comprendre cette étrange histoire, il faut aller au bord d'une autoroute. Écoutons les voitures et les motos roulant à 130 km/h. Quand elles s'approchent de nous, le bruit qu'elles font semble plus aigu ; et quand elles s'éloignent, le son a l'air plus grave. À l'oreille, on peut donc faire la différence entre une voiture qui s'éloigne et une autre qui s'approche. Avec la lumière c'est la même chose : une voiture qui s'éloigne a l'air d'émettre une lumière plus rouge que celle qui s'approche. Sauf qu'il faut des vitesses vraiment très grandes pour que ça se remarque ! Pour les voitures, il est donc difficile de faire la différence, mais pas pour les galaxies qui circulent à des millions de kilomètres-heures.

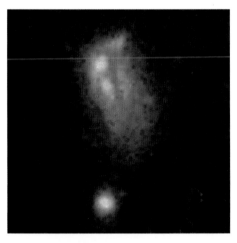

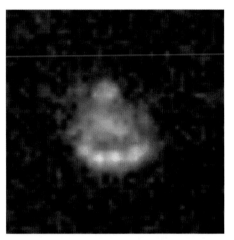

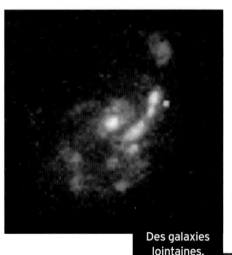

Des galaxies lointaines.

UN UNIVERS QUI GONFLE

Donc, les galaxies s'écartent toutes de la nôtre (bien sûr, il y a quelques exceptions, comme la galaxie d'Andromède, mais les astronomes ne vont pas se laisser impressionner par quelques galaxies sur des milliards !). Qu'est-ce que cela signifie ? C'est un astronome américain, Edwin Hubble, qui a trouvé la clef du mystère à la fin des années 1920 : il a déclaré que toutes les galaxies s'éloignaient les unes des autres, et pas seulement de la nôtre. Une image fera comprendre son idée : imaginons un gâteau avec des pépites de chocolat que l'on cuit au four. Le gâteau gonfle, gonfle : les pépites s'éloignent les unes des autres. La vingt-troisième pépite a l'impression que les autres pépites s'éloignent d'elles, mais la pépite d'à côté a la même impression... Hubble a donc conclu que l'Univers gonflait !

LE BIG BANG

Notre Univers est né il y a quinze milliards d'années, avec le big bang. Mais qu'il faisait chaud à cette époque ! C'est dans cette fournaise que sont nés les premiers atomes.

REMONTONS LE TEMPS

Et si on pouvait embarquer dans une machine à remonter le temps, qu'observerait-on ? On verrait le mouvement des galaxies s'inverser et celles-ci se précipiter les unes sur les autres. Au bout de 15 milliards d'années, nous arriverions à une époque où galaxies, étoiles et planètes n'existaient pas encore, et où toute la matière du monde que nous connaissons tenait dans une minuscule tête d'épingle plus petite qu'un atome. Nous voici aussi près du big bang que nous ne pourrons jamais l'approcher.

DES TEMPÉRATURES ASTRONOMIQUES

Le big bang, c'est le début de l'Univers que nous habitons : un début très, très concentré, et très, très chaud. Attention, les chiffres sont vertigineux, et tout se passe très vite. Juste après ce début, l'Univers se met à gonfler, et sa température à baisser. Très vite, mais après un temps si court qu'il faudrait le multiplier par un million de millions pour faire une seconde, la température est toujours de 10 000 milliards de milliards de milliards de degrés. Trois minutes après, il fait encore un milliard de degrés, 70 fois plus chaud qu'au centre du Soleil !

Formation des atomes.

Formation des noyaux atomiques

Formation des particules.

Big bang.

PURÉE D'ATOMES À LA SAUCE LUMIÈRE

Avec des conditions pareilles, la matière qui emplit l'Univers ne ressemble pas du tout à ce que l'on connaît aujourd'hui. Une épaisse purée bouillante contenant tous les ingrédients des atomes actuels coupés en petits morceaux (qu'on appelle des quarks) et puis aussi beaucoup d'énergie sous forme de lumière. Difficile à concevoir, tout ça, mais les physiciens commencent à bien comprendre ce qui s'est passé en ces temps reculés. Il faut attendre trois minutes après le big bang pour que se forme quelque chose que nous reconnaissons : les noyaux des atomes les plus simples, ceux d'hydrogène et d'hélium. Cet hydrogène que les étoiles utilisent comme carburant a entièrement été formé pendant les trois premières minutes de l'Univers.

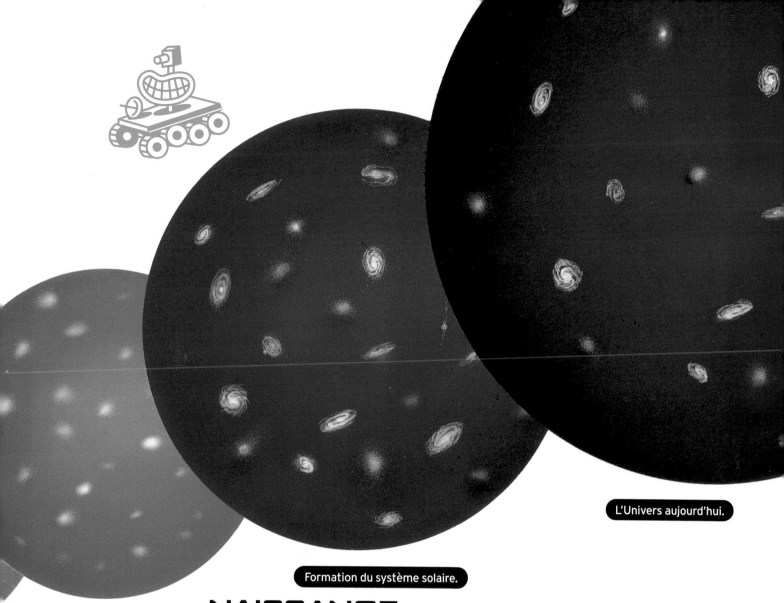

L'Univers aujourd'hui.

Formation du système solaire.

Formation des galaxies.

NAISSANCE
DES ÉTOILES ET DES GALAXIES

Les astronomes qui étudient l'histoire de l'Univers, autrement dit les cosmologistes, sont sûrs de leurs calculs : il se forme trois fois plus d'hydrogène que d'hélium, plus une pincée d'autres atomes. Le reste, tous les atomes plus compliqués, sera fabriqué plus tard par les étoiles. Mais au fait, quand vont-elles enfin naître, ces étoiles ? Beaucoup, beaucoup plus tard, sans doute dans le premier milliard d'années de l'Univers. Et, bizarrement, on connaît bien moins de choses sur ces premières étoiles que sur les premiers instants de l'Univers.

ET AVANT LE BIG BANG ?

On a bien envie de poser la question : que s'est-il passé avant le big bang ? Les cosmologistes refusent d'y répondre : pour eux, on ne peut pas parler d'avant big bang ! Car le temps n'a commencé à exister qu'à partir du big bang : et si le temps n'existe pas, on ne sait pas bien ce que veut dire "avant". En fait, l'espace aussi n'existe que depuis le big bang. Avant le big bang, il n'y avait donc vraiment rien dont on puisse parler...

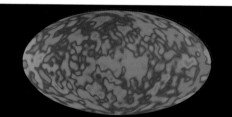

Les structures bleues et roses sont à l'origine des galaxies et des amas de galaxies (image réalisée grâce au satellite COBE).

QUAND LES ÉTOILES S'ÉTEINDRONT UNE À UNE

Attention ! Un jour, viendra la fin du monde. Pas de panique, ce n'est pas pour demain, mais d'ici à quelques milliards de milliards d'années au moins.

À LA RECHERCHE D'UN NOUVEAU SOLEIL

Imaginons que nos arrière-arrière-arrière-petits-enfants échappent aux guerres nucléaires, au réchauffement de la planète, aux chutes de météorites et même aux flammes du Soleil, quand il deviendra géante rouge. Quel avenir les attend ? Après cet épisode de géante rouge, le Soleil s'est transformé en une naine blanche. Il va mettre plusieurs milliards d'années à se refroidir lentement. Pas terrible comme source d'énergie ! Nos lointains descendants auront sûrement fait beaucoup de progrès en technologie ; peut-être, s'ils n'ont pas encore colonisé la Galaxie, seront-ils capables de transformer la Terre en vaisseau spatial pour partir à la recherche d'une nouvelle étoile.

EXPLOITONS LES TROUS NOIRS

Hélas ! bientôt, toutes les étoiles s'éteignent une à une, faute de carburant. De temps en temps, il en naît une nouvelle. Mais, après quelques milliards d'années, il n'y a plus de gaz dans la galaxie pour fabriquer de nouvelles étoiles. Que va devenir notre vaisseau Terre ? Il n'y a plus dans la Voie lactée que des étoiles mortes, des naines blanches, des étoiles à neutrons, des trous noirs. Si on essayait de soutirer de l'énergie de ces trous noirs ? En mettant la Terre en orbite autour d'un trou noir et en y lançant nos déchets sur une sorte de tapis roulant, on peut récupérer un peu d'énergie et gagner encore quelques milliards d'années.

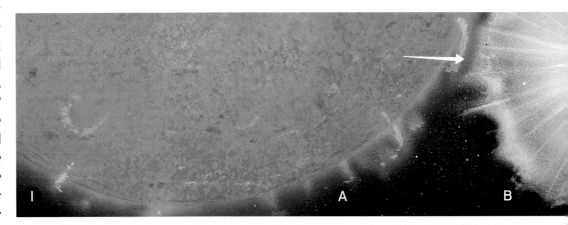

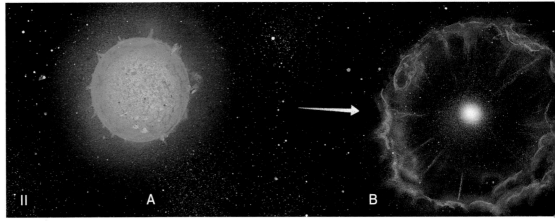

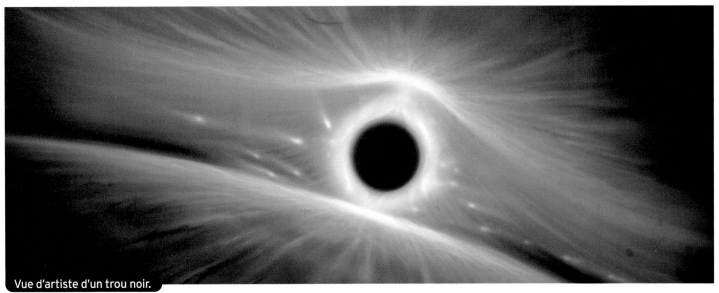

Vue d'artiste d'un trou noir.

EXTINCTION DES FEUX

Et la galaxie d'à côté ? C'est un long voyage, mais peut-être les humains de l'an 12345678 seront-ils devenus immortels ? En tout cas, pas d'hésitation, ils se lancent. Mais c'est le même spectacle de désolation dans la grande galaxie d'Andromède. Pire, même : le trou noir géant du centre de la galaxie a commencé à avaler toutes les étoiles qui restaient !

UN FROID GLACIAL

Et dans toutes les galaxies que le vaisseau Terre visite, c'est pareil. En plus, il devient difficile de passer d'une galaxie à l'autre. Les distances augmentent inexorablement, l'Univers se dilue de plus en plus, et en même temps il y fait de plus en plus froid. Une terrible crise de l'énergie s'abat sur le cosmos.

Eh oui, cet avenir glacial, c'est celui que nous prédisent les astronomes. Car d'après eux, l'Univers continuera indéfiniment sur sa lancée après le big bang et n'arrêtera jamais de gonfler. La vie dans des milliards de milliards d'années risque de ne pas beaucoup ressembler à la nôtre : il paraît que les dernières sources d'énergie seront fournies par l'évaporation des trous noirs, puis la matière elle-même commencera à se désintégrer et à disparaître. De quoi se demander si c'est une bonne idée de devenir immortel.

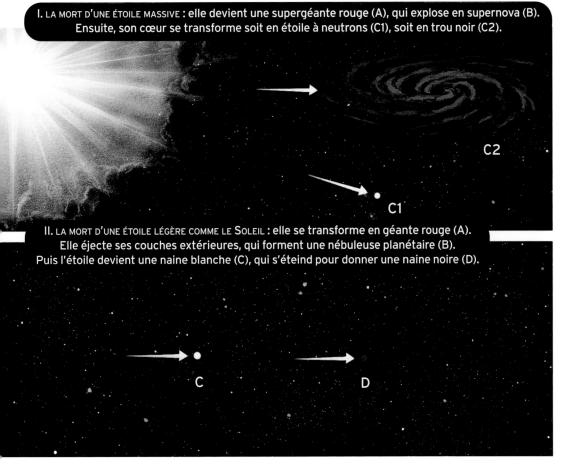

I. LA MORT D'UNE ÉTOILE MASSIVE : elle devient une supergéante rouge (A), qui explose en supernova (B). Ensuite, son cœur se transforme soit en étoile à neutrons (C1), soit en trou noir (C2).

II. LA MORT D'UNE ÉTOILE LÉGÈRE COMME LE SOLEIL : elle se transforme en géante rouge (A). Elle éjecte ses couches extérieures, qui forment une nébuleuse planétaire (B). Puis l'étoile devient une naine blanche (C), qui s'éteint pour donner une naine noire (D).

LE MESSAGER DES ÉTOILES

Le jour où...

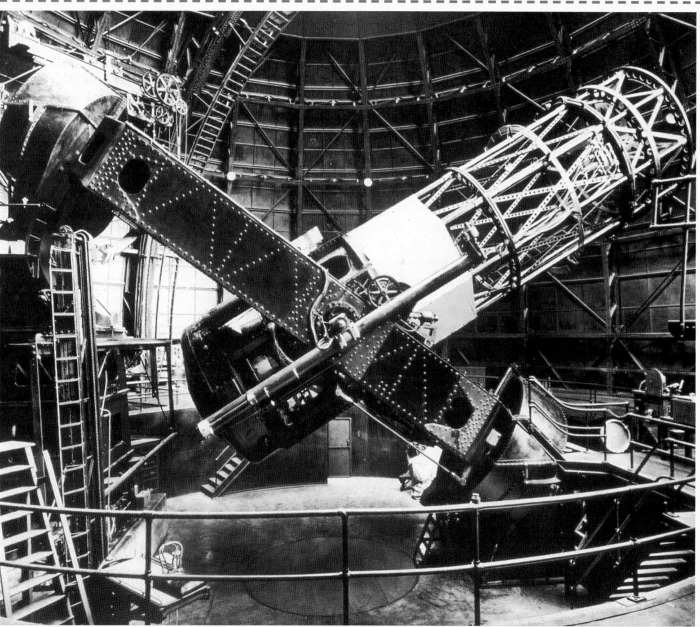

Le grand télescope du mont Wilson grâce auquel Edwin Hubble va faire une extraordinaire découverte.

... Hubble découvrit les galaxies

ous sommes le 9 février 1924, à l'observatoire du mont Wilson, près de Los Angeles, aux États-Unis. L'astronome Edwin Hubble a délaissé le télescope avec lequel il observe le ciel nuit après nuit. Ce jour-là, il écrit à l'un de ses collègues, pour lui faire part de sa nouvelle découverte : *"Vous serez intéressé d'apprendre que j'ai découvert une étoile brillante dans la nébuleuse d'Andromède."* Ces quelques mots vont changer la face du monde.

L'énigme des nébuleuses spirales

À l'époque, il faut dire que les astronomes nagent en plein mystère : notre Galaxie, la Voie lactée, forme-t-elle tout l'Univers ou bien n'est-elle qu'une galaxie parmi tant d'autres ? Et l'Univers, d'ailleurs, est-il petit ou bien très grand ? En ce début des années 20 (il n'y a donc pas si longtemps !), personne n'en sait rien.

Il y a quand même ces drôles de nébuleuses qui intriguent les astronomes, car elles ne ressemblent à aucun autre nuage de gaz. On dirait qu'elles ont une forme spirale – pour les différencier des autres, on les a d'ailleurs baptisées "nébuleuses spirales". Et s'il s'agissait en fait de galaxies ? Pour le savoir, il faudrait qu'on réussisse à y voir des étoiles, comme dans la nôtre... Malheureusement, c'est plus facile à dire qu'à faire. Même dans les plus gros télescopes, les "nébuleuses spirales" ressemblent à des taches de lumière floues.

Seul espoir : les observer avec le plus gros télescope de l'époque, qui vient tout juste d'être mis en service... à l'observatoire du mont Wilson. C'est avec cet instrument géant que Edwin Hubble va scruter sans relâche les nébuleuses spirales, en particulier celle qu'on appelle la "nébuleuse d'Andromède", à la recherche de leurs étoiles.

Cap sur Andromède

"Vous serez intéressé d'apprendre..." En écrivant sa lettre, Hubble sait qu'il a réussi : il vient de prouver que la nébuleuse spirale d'Andromède est une galaxie comme la nôtre. Autrement dit, il vient de découvrir les galaxies ! Bientôt, toutes les nébuleuses spirales se révéleront être des galaxies. La nébuleuse d'Andromède, elle, deviendra la galaxie d'Andromède. Quant à Hubble, il ne s'arrêtera pas là. En 1928, il montrera que les galaxies s'éloignent les unes des autres. C'est bien la preuve que l'Univers gonfle ! Le télescope spatial Hubble rend aujourd'hui hommage à ce découvreur des galaxies.

L'astronome Edwin Hubble.

La création du monde

Tous les peuples ont une légende pour expliquer pourquoi et comment le monde existe. À chacun de choisir son histoire préférée, même si ce n'est pas celle que racontent les astronomes !

Et la lumière fut…

D'après la Bible, au commencement, Dieu créa les cieux et la Terre. La Terre était informe et vide ; il y avait des ténèbres à la surface de l'abîme, et l'esprit de Dieu se mouvait au-dessus des eaux. Dieu dit : "Que la lumière soit !" Et la lumière fut. Dieu vit que la lumière était bonne ; et Dieu sépara la lumière d'avec les ténèbres. Dieu appela la lumière jour, et il appela les ténèbres nuit. Ainsi, il y eut un soir, et il y eut un matin : ce fut le premier jour.

Dieu créant la lumière et les ténèbres. Miniature du XVe siècle.

Le yin et le yang

Pour les Chinois, deux forces opposées se partagent le monde : le yin et le yang, qui sont représentées dans un symbole noir et blanc ; le noir, c'est le yin, le blanc, c'est le yang. Ces deux forces se sont unies et de leur union est née un œuf, Pan Gu. La coquille de Pan Gu se sépare en une matière noire, la Terre, et une matière légère, le ciel. Pan Gu s'allonge alors sur le sol et meurt. Chaque morceau de son corps devient un élément de l'Univers : son dernier souffle devient le vent, ses yeux deviennent le Soleil et la Lune, et ses larmes se transforment en pluie.

Peinture mongole du yin et du yang.

Le Soleil représenté sur une stèle maya.

Cinq soleils mayas

Au commencement, il n'y avait rien. Alors, racontent les anciens Mayas dans le *Popol-Vuh*, les dieux se réunirent et créèrent le monde. Ensemble, ils nommèrent la Terre et la Terre fut. Ils nommèrent les montagnes et les montagnes surgirent du fond des mers. Ils nommèrent les vallées, les nuages et les arbres. Ils nommèrent les animaux, mais rien de ce qu'ils avaient créé n'était doté de la parole. Alors ils décidèrent de créer les hommes.

Quatre fois, le monde des hommes, et le Soleil avec, ont été détruits par des catastrophes. Le premier Soleil fut dévoré par des jaguars. Le deuxième a été emporté par un ouragan. Le troisième ne résista pas à une pluie de flammes. Le quatrième fut noyé par un déluge... Le cinquième Soleil est le nôtre. C'est le Soleil du mouvement. Lui aussi disparaîtra un jour, englouti, comme le furent les autres par l'eau, le tigre, le feu, le vent...

La glace et le feu

Voici comment, en Islande, on racontait le commencement du monde. Au tout début, il n'y avait rien. Ni la Terre, ni la mer, ni le ciel n'existaient. Seul un gouffre béant et sans fond s'étendait d'un bout à l'autre de l'espace. Mais un jour, au nord du gouffre, apparut un brouillard de ténèbres. Au cœur de ce brouillard jaillit une fontaine d'où coulèrent des fleuves de glace. Au sud du gouffre, pendant ce temps-là, avait surgi le pays de feu. L'air y était très chaud, et il y coulait des fleuves aux eaux brûlantes. Les fleuves de glace et les fleuves de feu commencèrent de progresser les uns vers les autres. Quand ils se rencontrèrent enfin, du givre se forma et ce givre se mit lentement à combler le gouffre béant. L'air chaud venu du Sud fit fondre la glace du Nord. Alors des gouttelettes d'eau apparurent, et elles donnèrent naissance au premier être vivant.

Fleuves de feu et fleuve de glaces en Islande.

Petit nuage

À 3 milliards d'années-lumière de nous, la grande galaxie d'Andromède est l'objet le plus lointain que l'on puisse voir à l'œil nu. Pas étonnant alors que les hommes l'observent depuis des lustres (sans connaître sa vraie nature, qui ne fut découverte qu'en 1924). Au Xe siècle de notre ère, un astronome arabe, Al-Sufi, la baptisa même le "petit nuage céleste".

Un pèlerin, reconnaissable à sa coquille, sur la route de Saint-Jacques de Compostelle.

Le chemin de Saint-Jacques

En espagnol, la Voie lactée s'appelle "Camino de Santiago", le chemin de Saint-Jacques. Saint-Jacques de Compostelle, dans le nord-ouest de l'Espagne, a été pendant tout le Moyen Âge un haut lieu de pèlerinage. Quand les pèlerins se mettaient en route (à pied) pour Saint-Jacques, ils savaient qu'il fallait se diriger dans la direction indiquée par la Voie lactée !

400 milliards d'étoiles !

Notre Galaxie contient environ 400 milliards d'étoiles. Comment le sait-on ? Un astronome très patient les a-t-il toutes comptées ? Heureusement non. On a regardé combien il y en avait dans une petite région, et on a calculé combien cela ferait pour toute la Voie lactée. On peut faire pareil pour savoir combien de cheveux (à peu près !) on a sur la tête !

La Naissance de la Voie lactée, *peint par Pierre Paul Rubens (1636).*

Du lait dans le ciel

Les Grecs racontaient au sujet de la Voie lactée une bien étrange histoire. Zeus, le roi des dieux, avait eu un fils avec Alcmène, une belle mortelle. Ce fils s'appelait Héraclès (Hercule chez les Romains) et devait plus tard devenir célèbre en réussissant douze tâches impossibles, les fameux travaux d'Hercule. En attendant, Héraclès n'était qu'un bébé, et Zeus aurait bien voulu qu'il soit immortel comme lui. Pour ça, une seule solution : qu'il boive le lait d'Héra, femme de Zeus. Évidemment, Héra n'était pas d'accord pour allaiter le fils de son

mari et d'une autre femme ! Alors, Zeus décida de profiter du sommeil d'Héra pour faire téter son fils. La ruse marcha un moment, mais Héra se réveilla et repoussa brutalement le petit Héraclès. Le lait qui jaillit de son sein inonda le ciel et devint Voie lactée. On l'appelle aussi "Galaxie", un mot d'origine grecque qui veut dire "lait"...

D'autres civilisations ont vu dans cette bande blanche le chemin qui mène au palais des dieux... ou encore celui qui conduit au séjour des morts... et même une traînée de poussière d'or !

*P*ierre Gripari, l'auteur des *Contes de la rue Broca*, raconte ainsi la naissance du monde : Il était une fois une maman Dieu, avec son petit Dieu. La maman Dieu était installée dans un grand fauteuil et reprisait des chaussettes pendant que le petit Dieu, assis à une grande table, finissait ses devoirs.

Le petit Dieu travaillait en silence. Et quand il eut fini, il demanda :

"Dis-moi, maman, est-ce que tu me donnes la permission de faire le monde ? "

La maman Dieu le regarda :

"Tu as fini tes devoirs ?

1) Oui, maman.

2) Tu as appris tes leçons ?

3) Oui, Maman.

4) C'est bon. Alors, tu peux.

5) Merci, Maman."

Le petit Dieu prit une feuille de papier, des crayons de couleur, et il se mit à faire le monde.

L'Univers Phénix

*P*lusieurs mythes, un peu partout à travers le monde, racontent que, au commencement régnait le néant. Mais un néant particulier car il n'était en fait que les ruines d'un monde qui avait existé avant et avait complètement disparu. Curieusement, certains astronomes se font un peu la même idée de l'Univers : selon eux, notre Univers actuel n'est pas le premier qui ait existé ! Il serait apparu sur les ruines d'un précédent Univers, lui-même né des ruines d'un précédent Univers, et ainsi de suite. Les astronomes l'appellent "l'Univers Phénix", du nom du fabuleux oiseau de la mythologie égyptienne, qui avait le pouvoir de renaître de ses propres cendres.

Où a eu lieu le big bang ?

En anglais, *big bang* veut dire "grand boum". La plupart des astronomes soutiennent maintenant la théorie du big bang, mais dans les années 1950, elle était vraiment mal vue, d'où ce surnom ridicule de Grand Boum que lui a donné un de ses adversaires. Les partisans du big bang ont trouvé l'expression fort bien choisie et l'ont adoptée...

Mais, malgré son nom, le Grand Boum n'a rien à voir avec une gigantesque explosion. Il ne faut pas imaginer que dans un petit coin de l'Univers, il y a eu une ex-plosion : avant le big bang, rien n'existait, ni l'Univers ni l'espace. C'est l'Univers tout entier qui est contenu dans la ma-tière superdense et superchaude des dé-buts. Inutile aussi de chercher dans quel-le constellation a eu lieu cet événement : ce n'est ni dans le Sagittaire, ni dans la Grande Ourse, mais bien partout. Car le big bang ne s'est pas produit en un endroit précis, mais en tous points de l'espace. Un espace qui, répétons-le, n'existait pas auparavant. Décidément étrange...

LES
L'ASTR

OUTILS DE
ONOMIE

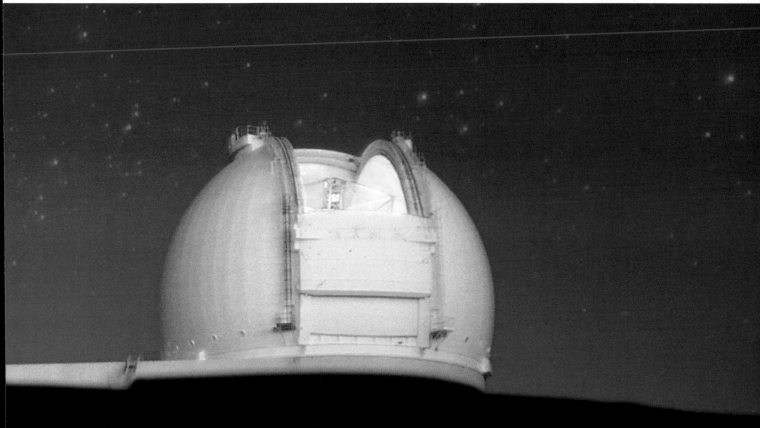

Au début, les astronomes
n'avaient que leurs yeux
pour observer. Aujourd'hui,
ils ont des télescopes géants
et des satellites en orbite.

DE L'ŒIL NU AU TÉLESCOPE

Les astronomes ont besoin de lunettes et de télescopes pour observer le ciel, car à l'œil nu, ils ne voient qu'une infime partie de ce qui se passe dans le ciel.

Un cadran solaire égyptien.

À L'ÉPOQUE DES CADRANS SOLAIRES

Pour découvrir le ciel, les astronomes disposent d'un outil perfectionné : leurs propres yeux. Mais il faut quand même aider un peu l'œil avec des instruments. Le premier a été le gnomon, un bâton planté dans le sol, dont on observait l'ombre bouger au fil de la journée. Il était déjà utilisé par les Égyptiens et les Mésopotamiens. Le cadran solaire n'est qu'un gnomon perfectionné. Quand il faisait mauvais, on utilisait des horloges à eau, ou clepsydres, pour mesurer l'écoulement du temps (le sablier ne sera inventé qu'au Moyen Âge).

En 1609, Galilée rassembla les doges de Venise sur la place Saint-Marc pour leur démontrer les qualités de sa lunette.

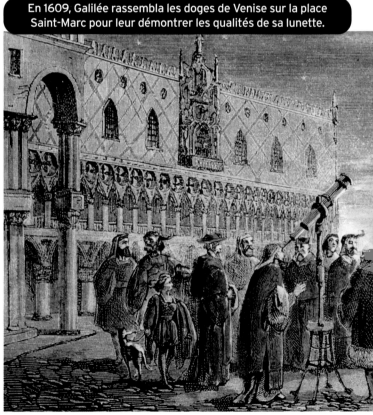

VERRES DE LUNETTE ET LUNETTE ASTRONOMIQUE

Pendant des milliers d'années, les astronomes ont observé le ciel à l'œil nu. En 1609, le savant italien Galilée se sert d'un tube contenant deux lentilles en verre (une lentille ressemble à un... verre de lunette), la première lunette astronomique, pour observer la Lune, les planètes et la Voie lactée. Il découvre des étoiles qu'on ne voit pas à l'œil nu. Pourquoi ? Dans l'obscurité, la pupille de l'œil s'ouvre très grand pour attraper les moindres rayons de lumière ; mais elle ne peut pas s'ouvrir de plus d'un centimètre. La lentille qui est à l'entrée de la lunette, l'objectif, aide l'œil à capter plus de lumière et à la concentrer.

TÉLESCOPE CONTRE LUNETTE

Le télescope (ce mot vient de deux mots grecs qui signifient "voir loin"), qui contient un miroir, est mis au point par le physicien anglais Isaac Newton en 1672. Le premier avait un minuscule miroir de 3,7 cm de diamètre ! C'est avec un télescope que Herschel découvre la planète Uranus.

Pendant deux siècles, la concurrence entre lunettes et télescopes est acharnée. Les lunettes comme les télescopes deviennent de plus en plus grands et perfectionnés ; mais les miroirs de télescopes, en métal, sont difficiles à polir et se salissent vite, et les lentilles de verre des lunettes sont difficiles à fabriquer.

La lunette de Galilée.

TVBVM OPTICVM VIDES GALILAEI INVENTVM, ET OPVS, QVO SOLIS MACVLAS ET EXTIMOS LVNAE MONTES, ET IOVIS SATELLITES, ET NOVAM QVASI RERVM VNIVERSITATE PRIMVS DISPEXIT A. MDCIX.

Le télescope de Newton.

APRÈS LE DESSIN, LA PHOTOGRAPHIE

Au xxᵉ siècle, avantage aux télescopes, qui ont maintenant des miroirs en verre recouvert d'une couche d'aluminium. Mais l'astronome ne met plus l'œil à l'oculaire du télescope pour noter ce qu'il voit ou dessiner le spectacle céleste : il prend des photos du ciel. Car la photographie a été utilisée en astronomie très vite après son invention. Les chercheurs analysent aussi la lumière des étoiles pour découvrir leur composition et leur température en se servant de prismes (ces morceaux de verre décomposent la lumière en un arc-en-ciel).

Et en ce début de xxiᵉ siècle ? Les principes ne sont pas très différents, même si les appareils photo ont été remplacés par des caméras CCD comme celles des appareils photo numériques. Surtout, les astronomes étudient des lumières qui sont totalement invisibles à l'œil nu, comme les rayons X et les ondes radio.

Le radio télescope de l'IRAM, en Espagne.

LES GRANDS OBSERVATOIRES

Petits ou grands, les télescopes modernes sont installés loin des villes. Car cela fait bien longtemps qu'on ne peut plus voir les étoiles dans le ciel de Paris...

L'observatoire de Paranal se trouve dans le nord du Chili.

HAUTES MONTAGNES ET VOLCANS

Sur les hautes montagnes, dans les déserts les plus secs, et même au pôle Sud : pourquoi les astronomes vont-ils poser leurs télescopes dans des endroits si éloignés de la civilisation ?

Pas seulement parce qu'ils aiment la solitude et les beaux paysages ! Pour bien observer étoiles et galaxies, il faut un ciel pur et sans nuages, loin de la lumière des villes. L'endroit idéal : une haute montagne où il ne neige pas trop souvent, si on peut y aller sans trop de difficultés. Il y a par exemple en France un observatoire au pic du Midi, dans les Pyrénées, que l'on rejoint par téléphérique.

Encore mieux : le Mauna Kea, un volcan situé dans l'île d'Hawaii. Avec ses 4 200 mètres d'altitude il est la plupart du temps au-dessus des nuages. Le volcan est éteint, heureusement !

TÉLESCOPES GÉANTS

Les observations sont fatigantes à cette altitude, mais le ciel est très pur, si bien que plusieurs pays ont installé leurs observatoires au sommet de la montagne, où on commence à manquer de place. On y trouve quatre télescopes géants de 8 à 10 mètres de diamètre et plusieurs "petits" télescopes, parmi lesquels celui construit par la France, le Canada et Hawaii et dont le miroir ne mesure "que" 3,60 m de diamètre.

Deux télescopes sur un volcan éteint, le Mauna Kea, à Hawaii.

DÉSERTS
DE L'HÉMISPHÈRE SUD

Autre lieu très recherché, les plateaux désertiques de la cordillère des Andes au Chili, où l'on trouve quatre grands observatoires. Deux sont européens, et le dernier-né, l'observatoire de Paranal, est construit dans un endroit extrêmement sec.

Quatre télescopes de 8,20 m de diamètre et trois autres plus petits y sont installés. Presque tous les pays européens se sont associés pour les construire. Car ces géants coûtent fort cher...

Les radiotélescopes du VLA au Nouveau-Mexique.

LE GÉANT DES GÉANTS

Les astronomes rêvent déjà des télescopes qu'ils vont construire dans dix ou vingt ans. Dans leur rêve le plus fou, ils imaginent un télescope dont le miroir aurait 100 mètres de diamètre. Pour abriter ce monstre il faudra élever une coupole plus haute que la tour Eiffel ! Pour que ce projet se réalise un jour, les États-Unis et l'Europe devront sans doute s'associer.

LUMIÈRE VISIBLE, LUMIÈRE RADIO

L'astronomie du XXIe siècle capte toutes les sortes de lumière : la lumière visible, mais aussi l'ultraviolette et l'infrarouge, les rayons X... Ceux-là, l'atmosphère terrestre les arrête, et il faut les observer depuis l'espace. Reste la lumière transportée par les ondes radio, que l'on détecte avec des radiotélescopes : certains ont l'air de radars géants, d'autres de simples antennes de radio.

On voit même en plein désert du Nouveau-Mexique une forêt de 27 antennes qui ressemblent à des grandes paraboles pour la télévision par satellite. Car les ondes radio des astronomes sont pareilles aux ondes radio de France Inter, en beaucoup plus faible, et se détectent de la même façon !

L'UNIVERS VU D'EN HAUT

Pour comprendre l'Univers, il faut parfois savoir prendre beaucoup de hauteur ! Et c'est valable pour les télescopes... Beaucoup de ces engins tournent au-dessus de nos têtes.

VUE IMPRENABLE

Les astronomes n'installent pas seulement leurs télescopes au sommet des plus hautes montagnes de la planète. Il arrive aussi qu'ils les envoient carrément dans l'espace. Placés en orbite autour de la Terre, ces engins ont alors une vue imprenable sur l'Univers. S'ils veulent observer et capter certaines lumières, il est même indispensable qu'ils tournent ainsi bien au-dessus de nos têtes. Pourquoi ? À cause de l'atmosphère terrestre.

ÉCRAN TOTAL

Ce "cocon protecteur", sans lequel aucune vie ne pourrait exister à la surface de la Terre, est très gênant pour les observations car l'atmosphère arrête une grande partie des lumières qui nous arrivent des astres ! En fait, seules la lumière visible, les ondes radio et un peu de lumière infrarouge réussissent à passer à travers cet "écran total" et à être captées par les télescopes installés sur terre (et d'ailleurs, même dans ce cas, l'atmosphère brouille un peu les images : elle les fait danser).

Chandra.

XMM-Newton.

TROUS NOIRS AUX RAYONS X

Alors, quand on veut observer le ciel, disons, en rayons X, pour voir le gaz chaud qui tourbillonne à grande vitesse autour des trous noirs cachés au cœur des galaxies, une seule solution : décoller !

En 1999, deux satellites spécialisés dans l'observation des rayons X ont été mis en orbite : l'américain Chandra et l'européen XMM-Newton. Tous deux tournent sur des orbites très allongées. Par exemple, celle de XMM l'amène à s'approcher jusqu'à 7 400 kilomètres de notre planète, puis à s'en éloigner jusqu'à 114 000 kilomètres. XMM met deux jours à boucler son tour de Terre.

SATELLITES ARTIFICIELS

Spoutnik 1.

Il n'y a pas que les télescopes qu'on envoie en orbite autour de la Terre. Des milliers d'engins construits par la main de l'homme tournoient dans la "proche banlieue" terrestre. On y trouve des satellites militaires, des satellites de communications (qui relaient par exemple les appels de nos téléphones portables), des stations spatiales et, enfin, une multitude de débris de toutes sortes : bouts de panneaux solaires, boulons, etc. En référence à la Lune et aux satellites "naturels" des planètes, on appelle ces engins des satellites "artificiels". Le tout premier satellite artificiel de l'histoire, Spoutnik 1, fut mis en orbite le 4 octobre 1957 par les Soviétiques.

LE TÉLESCOPE SPATIAL HUBBLE

Lancé en 1990, le télescope américain Hubble tourne en orbite à environ 600 kilomètres d'altitude. Il fait un tour de Terre en une heure et demie. Il observe le ciel en lumière visible (dégagé de l'atmosphère, il peut voir des détails 10 fois plus fins que la plupart des télescopes terrestres), mais aussi en rayons ultraviolets et infrarouges.

SONDES SPATIALES : LES AVENTURIÈRES DE L'EXTRÊME

Depuis plus de quarante ans, elles sillonnent le système solaire et envoient de précieuses informations aux astronomes. Elles ? Les sondes spatiales.

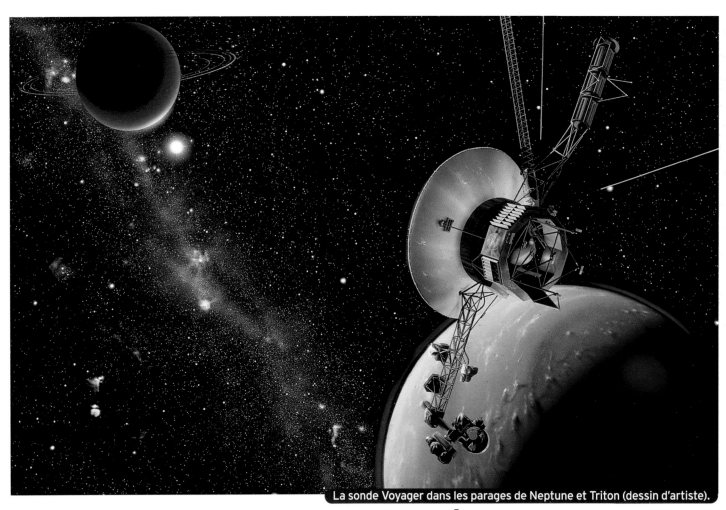

La sonde Voyager dans les parages de Neptune et Triton (dessin d'artiste).

EN ROUTE POUR LES PLANÈTES

Contrairement aux satellites, les sondes spatiales ne tournent pas sagement autour de notre planète : elles ont été conçues pour échapper à l'attraction terrestre, et résister au vide et au froid qui règnent dans les profondeurs du système solaire.

Certaines sont devenues les satellites artificiels d'un autre corps (une planète, la Lune), quand elles ne se sont pas carrément posées à sa surface.

D'autres, au contraire, explorent le système solaire : elles voyagent de planète en planète, d'astéroïde en comète, pour en comprendre les mystères. Sans ces voyageuses bardées d'instruments scientifiques, les astronomes ne sauraient pratiquement rien de la grande famille de la Terre.

La sonde Cassini doit arriver aux abords de Saturne en 2004 (vue d'artiste).

OBJECTIF SATURNE

La dernière grosse sonde à avoir quitté la Terre est Cassini, lancée en octobre 1997. Après s'être aidée deux fois de Vénus et une fois de la Terre, puis après un détour par Jupiter, la sonde fait route vers Saturne, le but de sa mission, qu'elle atteindra en 2004. Arrivée là-bas, elle larguera au-dessus de Titan, le gros satellite de Saturne, un petit module. Celui-ci descendra doucement, suspendu au bout d'un parachute, dans l'atmosphère de Titan et analysera sa composition.

AU MÈTRE PRÈS

Envoyer une sonde visiter une planète lointaine est un exercice très périlleux. Tout d'abord, il faut calculer exactement quand la lancer : imaginons que la sonde arrive à destination... et que la planète ne soit plus en vue, parce qu'elle a filé sur son orbite autour du Soleil !

Et puis, une sonde ne prend presque jamais le plus court chemin. La plupart du temps, elle s'aide de l'attraction des planètes qu'elle croise pour changer de direction. Ça lui permet d'économiser son carburant ! Les trajectoires des sondes sont donc calculées au mètre près, même pour les parcours les plus longs.

Quelques records

LA PREMIÈRE SONDE À QUITTER L'ORBITE TERRESTRE : Luna 1 (URSS), en janvier 1959. Elle "frôla" la Lune à 6 000 kilomètres de distance.
LA PREMIÈRE À SURVOLER MARS : Mariner 4 (USA), en juillet 1965.
LA PREMIÈRE À SE POSER SUR LA LUNE : Luna 9 (URSS), le 3 février 1966.
LA PREMIÈRE À SE POSER SUR MARS : Viking 1 (USA), le 20 juillet 1976.

La sonde Viking.

LA PLUS LOINTAINE : Voyager 1 (USA). Partie de la Terre le 5 septembre 1977, la sonde se trouve aujourd'hui à plus de 12 milliards de kilomètres de la Terre. Elle est sortie du système solaire.
LES PLUS LOURDES : les deux sondes jumelles Phobos 1 et 2 (URSS), parties en juillet 1988 vers Mars. Elles pesaient chacune 6 200 kilos !

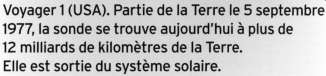

En chiffres

1 1/4

Une heure un quart : c'est le temps que mettra un signal radio pour circuler entre la Terre et la sonde Cassini, quand celle-ci aura atteint Saturne.

PROFESSION
ASTRONOME

Drôle de métier que celui d'astronome, qui exige beaucoup de passion, mais aussi beaucoup de patience !

QUAND IL FAISAIT FROID
SOUS LES COUPOLES

C'était il y a longtemps : quand la nuit était belle, les astronomes enfilaient leur doudoune et sortaient observer le ciel. Le télescope était installé dans leur jardin ou sur le toit de l'Observatoire. Mais le métier a bien changé : maintenant, bien au chaud dans leur bureau, les scientifiques pilotent un télescope installé à l'autre bout du monde depuis leur ordinateur. Puis ils comparent leurs observations avec celles des télescopes embarqués sur des satellites, qu'ils ont reçues par Internet...

L'observatoire d'Arecibo, à Porto-Rico.

DE LONGS VOYAGES

Soyons honnête : les astronomes vont toujours observer le ciel ! Mais c'est devenu un peu compliqué. L'astronome doit d'abord faire une demande, expliquer ce qu'elle veut observer et ce qu'elle espère trouver (oui, il y a pas mal de femmes en France dans cette profession). Puis attendre, car certains télescopes sont très demandés. Le feu vert arrive enfin : elle part pour un long voyage au bout du monde. Arrivée à l'Observatoire : elle a de la chance, le ciel est sans nuages. Quelques nuits harassantes et excitantes à scruter la lumière qui vient de l'autre bout de l'Univers et à boire beaucoup de café pour ne pas s'endormir, et elle peut repartir vers son bureau avec un cédérom contenant les précieuses observations...

UN MÉTIER DE SPÉCIALISTES

Dans ce métier, très peu de gens étudient à la fois les planètes, les étoiles, et les galaxies. Comme tous les chercheurs, les astronomes sont très spécialisés et ils ne s'intéressent parfois qu'à un problème qui peut sembler vraiment minuscule : par exemple, la vie de la galaxie numéro 6946... Certains ne font que des observations, d'autres que des calculs, certains construisent des instruments comme les caméras qui équipent les grands télescopes. Bien rares sont ceux qui réussissent à faire tout cela à la fois !

Le radiotélescope de l'IRAM (Institut de radio Astronomie Millimétrique), dans la Sierra Nevada, en Espagne.

MATHS OU PHYSIQUE, MAIS TOUJOURS DES SCIENCES

Reste tout le travail qui consiste à comprendre les observations et à trouver les réponses qu'elle cherchait. Ce qui veut dire beaucoup de temps devant un ordinateur. Sans réseau Internet et sans ordinateur, un astronome du XXIe siècle est un peu perdu ! Il lui faut les deux pour travailler sur ses observations, et puis pour correspondre avec ses collègues à l'autre bout du monde. Il se sert aussi d'ordinateurs pour faire des calculs : et il en faut, des calculs et des équations pour comprendre le ciel, la vie et la mort des étoiles, la formation des planètes, et le big bang ! Les astronomes ont donc tous fait des études scientifiques, de physique ou de maths.

Des astronomes au travail.

Les astronomes au fil du temps

De l'œil nu à l'astrolabe, de la lunette au télescope... Au cours des siècles, les instruments d'observation ont beaucoup changé.

Un astronome arabe et son astrolabe. Durant tout le Moyen Âge, l'astrolabe a servi à viser les astres, à se repérer sur terre et à lire l'heure. Enluminure du XIIIe siècle.

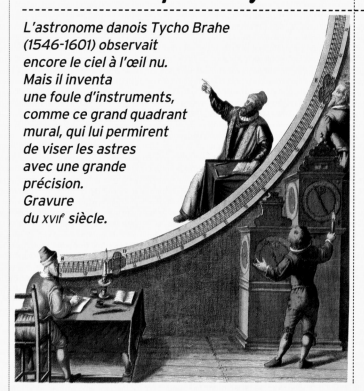

L'astronome danois Tycho Brahe (1546-1601) observait encore le ciel à l'œil nu. Mais il inventa une foule d'instruments, comme ce grand quadrant mural, qui lui permirent de viser les astres avec une grande précision. Gravure du XVIIe siècle.

Les premières lunettes apparurent à la Renaissance.

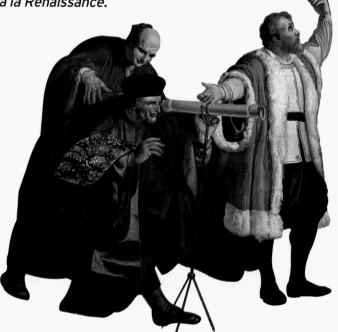

Ce tableau, L'Astronome, a été peint en 1668 par le grand peintre hollandais Johannes Vermeer. Mais s'agit-il bien d'un astronome ? Ce tableau a aussi été appelé L'Astrologue, Le Philosophe et Le Géographe. En tout cas, le savant représenté consulte un globe céleste, où figurent les constellations connues.

La plus grande lunette du monde, à l'observatoire Yerkes (États-Unis).

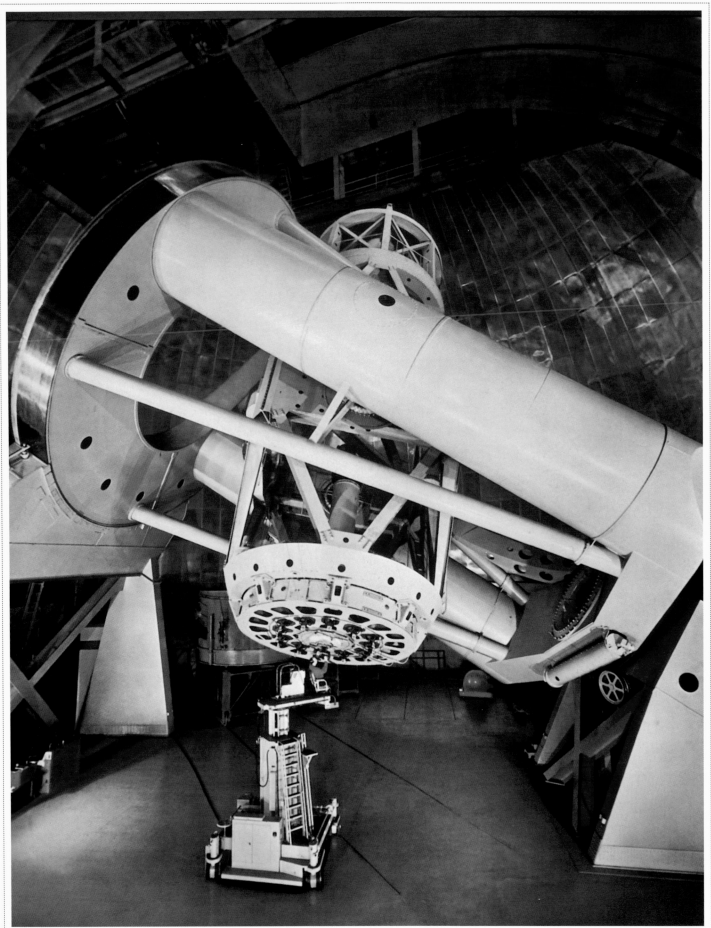

Installation d'une plaque photo sur le grand télescope du mont Palomar, en Californie (mis en service en 1948).

L'année où...

...Newton découvrit la gravitation

Au XVIIᵉ siècle vécut un savant qui n'était pas tout à fait comme les autres. Un "mathématicien et physicien et atronome" qui inventa, entre autres, le télescope et découvrit la loi qui gouverne l'Univers : la loi de l'attraction universelle. Ce touche-à-tout de génie s'appelait Isaac Newton.

D'abord, la lumière
Né le jour de Noël 1642 en Angleterre, Newton resta toute sa vie un homme très solitaire. Mais sa soif de comprendre, elle, était immense. Tout petit déjà, il fabriquait des cadrans solaires et des horloges. En étudiant la lumière (à son époque seule la lumière visible était connue), il s'aperçut par exemple que lorsqu'elle passait à travers un prisme, elle était étalée en différentes couleurs – celles de l'arc-en-ciel. C'est en s'intéressant au trajet de la lumière qu'il mit au point le premier télescope. Quant à la loi de l'attraction universelle, la légende raconte

que Newton l'aurait découverte un jour où il était assis sous un pommier.

Une chute célèbre
En voyant tomber une pomme au sol, il se serait dit que la force qui attire la pomme vers la Terre est la même que celle qui attire la Lune vers la Terre (sauf que la Lune ne tombe pas vraiment, elle est en orbite autour de la Terre). Et la même que celle qui attire les planètes vers le Soleil.

Légende ou pas ?
Cela s'est-il vraiment passé ainsi ? Personne ne peut le dire. Toujours est-il qu'en 1687 Newton publia sa loi de l'attraction (ou de la gravitation) universelle : tous les corps s'attirent entre eux, et la force d'attraction ne dépend que de deux choses, la masse et la distance des deux corps. Cette loi universelle explique le mouvement des planètes autour du Soleil, celui des satellites autour des planètes, et aussi pourquoi les étoiles s'assemblent en galaxies.

LE POINT COMMUN

L'explorateur Magellan n'était pas astronome. Pourtant il a un point commun avec Galilée, Cassini, Einstein et Copernic. Lequel ?

RÉPONSE : Tous ces hommes célèbres ont donné leur nom à un satellite astronomique ou à une sonde spatiale.

Magellan est le nom de la sonde qui arriva en orbite autour de Vénus en août 1990 et l'observa pendant presque quatre ans (après quoi les ingénieurs l'envoyèrent s'écraser sur le sol brûlant de la planète).

Galilée : Galileo est le nom de la sonde qui fut lancée en octobre 1989 pour aller étudier Jupiter et ses satellites.

Cassini est le nom de la sonde qui atteindra, si tout va bien, Saturne en 2004. C'est aussi le nom d'un célèbre astronome français (d'origine italienne) du XVIIe siècle.

Einstein est le nom d'un télescope spatial, spécialisé en rayons X, qui fonctionna de fin 1978 à avril 1981.

Copernic : Copernicus est le nom d'un télescope spatial, spécialisé en rayons ultraviolets et X, mis en orbite en 1972.

Sujet favori des premiers écrivains de science-fiction : nos plus proches voisins, la Lune et Mars. Les héros modernes n'hésitent pas à parcourir l'Univers de long en large.

Rencontre entre le futur et le présent

En 2090, Rosemary retourne dans le passé pour découvrir le secret de son arrière grand-mère championne de football. *Vol à rebrousse-temps*, de Roy Apps (Casterman, Huit et plus).

À quoi peuvent servir les trous de ver ?

On le découvre en lisant *Les portes de Gandahar*, de Jean-Pierre Andevron (Hachette Jeunesse).

L'astronomie dans le texte

À l'assaut de la lune

Dans les années 1860, aux États-Unis. Mais qu'est-ce qui attire ces foules de curieux dans un coin reculé de Floride ? C'est le départ de trois hommes vers la Lune, emportés dans un boulet creux tiré par un gigantesque canon, la Columbiad… Arrivée en principe le 4 décembre. Que vont-ils faire sur notre satellite ? S'y installer, tout simplement. D'ailleurs, les astronomes ne sont-ils pas certains que la Lune a une atmosphère ? Et puis, s'il n'y a pas de quoi vivre là-bas, il suffira de leur lancer de temps en temps un boulet rempli de vivres. De toutes façons, le retour n'est pas prévu… Quel sera le sort de Barbicane, Nicholl, et du Français Michel Ardan ? (*De la Terre à la Lune*, de Jules Verne.)

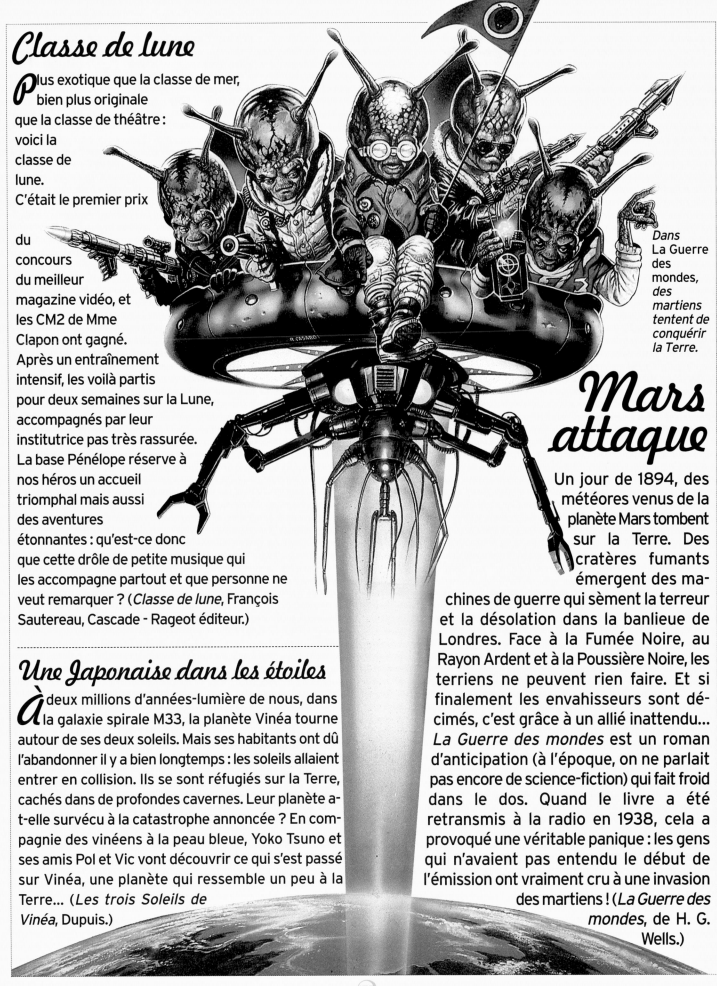

Classe de lune

Plus exotique que la classe de mer, bien plus originale que la classe de théâtre : voici la classe de lune.

C'était le premier prix du concours du meilleur magazine vidéo, et les CM2 de Mme Clapon ont gagné. Après un entraînement intensif, les voilà partis pour deux semaines sur la Lune, accompagnés par leur institutrice pas très rassurée. La base Pénélope réserve à nos héros un accueil triomphal mais aussi des aventures étonnantes : qu'est-ce donc que cette drôle de petite musique qui les accompagne partout et que personne ne veut remarquer ? (*Classe de lune*, François Sautereau, Cascade - Rageot éditeur.)

Une Japonaise dans les étoiles

À deux millions d'années-lumière de nous, dans la galaxie spirale M33, la planète Vinéa tourne autour de ses deux soleils. Mais ses habitants ont dû l'abandonner il y a bien longtemps : les soleils allaient entrer en collision. Ils se sont réfugiés sur la Terre, cachés dans de profondes cavernes. Leur planète a-t-elle survécu à la catastrophe annoncée ? En compagnie des vinéens à la peau bleue, Yoko Tsuno et ses amis Pol et Vic vont découvrir ce qui s'est passé sur Vinéa, une planète qui ressemble un peu à la Terre... (*Les trois Soleils de Vinéa*, Dupuis.)

Dans La Guerre des mondes, des martiens tentent de conquérir la Terre.

Mars attaque

Un jour de 1894, des météores venus de la planète Mars tombent sur la Terre. Des cratères fumants émergent des machines de guerre qui sèment la terreur et la désolation dans la banlieue de Londres. Face à la Fumée Noire, au Rayon Ardent et à la Poussière Noire, les terriens ne peuvent rien faire. Et si finalement les envahisseurs sont décimés, c'est grâce à un allié inattendu... *La Guerre des mondes* est un roman d'anticipation (à l'époque, on ne parlait pas encore de science-fiction) qui fait froid dans le dos. Quand le livre a été retransmis à la radio en 1938, cela a provoqué une véritable panique : les gens qui n'avaient pas entendu le début de l'émission ont vraiment cru à une invasion des martiens ! (*La Guerre des mondes*, de H. G. Wells.)

L'astronomie sur grand écran

Les films de science-fiction adorent l'astronomie. Forcément! Ils y puisent certains de leurs thèmes favoris.

L'un des tout premiers films de l'histoire du cinéma était un film de science-fiction. Dans *Le Voyage dans la Lune* (1902), du Français Georges Méliès, les héros arrivaient sur notre satellite en capsule, tirée par un canon.

Message extraterrestre

De *Alien*, de Ridley Scott (1979), à *E.T.*, de Steven Spielberg (1982), impossible de présenter tous les extraterrestres que l'on croise au cinéma. Dans *Contact*, de Robert Zemeckis (1997), au contraire, on ne les voit jamais. L'astronome Ellie Arroway (jouée par Jodie Foster) capte un message codé grâce au réseau de radiotélescopes installé au Nouveau-Mexique (le VLA). Ce message codé a été envoyé par une mystérieuse civilisation extraterrestre. Que contient-il ? Les plans d'un vaisseau spatial révolutionnaire...

Une scène de *La Guerre des Étoiles*.

Aussi vite que la lumière ?

Dans la saga de *La Guerre des Étoiles*, de George Lucas, les pilotes de vaisseaux spatiaux n'ont pas leur pareil pour "passer en hypervitesse", autrement dit pour pousser leur engin jusqu'à la vitesse de la lumière. Il faut au moins ça pour pouvoir sillonner tranquillement l'immense Univers. Mais la technique a un autre avantage, révélé par Einstein, au début du XXe siècle : plus on s'approche de la vitesse de la lumière, plus le temps s'allonge et moins on vieillit vite. Les héros de *La Planète des singes*, de F. J. Schaffner (1967), l'avaient bien compris : au début du film, on apprend qu'ils reviennent d'un voyage de 700 ans mais que pendant ce temps, ils n'ont vieilli que de six mois !

E.T., la star des extraterrestres.

Comparés à notre bonne vieille Terre, les planètes et satellites qui peuplent le système solaire ne sont pas très accueillants. Y habiter, pourquoi pas, mais à condition de leur fabriquer d'abord une atmosphère respirable. C'est le décor du film *Total Recall*, de Paul Verhœven (1990), où Douglas Quaid (joué par A.Schwarzenegger) finira par découvrir un immense réacteur construit dans les profondeurs de la planète Mars. Remis en marche, ce réacteur transformera la glace martienne en atmosphère respirable.

Quand le ciel nous tombe sur la tête

Côté catastrophes, les météorites assurent le grand frisson : beaucoup de films racontent comment un bolide gros comme une ville menace de percuter la Terre et de la réduire en cendres. Parmi les plus récents, citons *Deep Impact*, de Mimi Leder (1998), où le bolide est une comète, et *Armageddon*, de Michael Bay (1998), où c'est un astéroïde. Dans les deux cas, la parade sera la même : on décide d'envoyer une équipe d'astronautes placer des charges explosives directement sur le bolide, pour le pulvériser ou pour le dévier de sa route. Ces solutions ont été effectivement envisagées par les experts de la Nasa.

Une scène de *Deep Impact*.

Les savants de l'astronomie

Aristarque de Samos
(IIIᵉ siècle av. J.-C.)

Cet astronome grec fut le premier à imaginer que la Terre tournait sur elle-même et autour du Soleil. Il inventa aussi une méthode permettant de calculer les distances relatives de la Terre à la Lune et au Soleil.

Hipparque
(IIᵉ siècle av. J.-C.)

Le plus grand astronome grec de l'Antiquité. Il établit un catalogue donnant la position de 1 025 étoiles, où celles-ci sont, pour la première fois, classées par "grandeur" d'après leur éclat apparent dans le ciel.

compte des mouvements du Soleil, de la Lune et des planètes dans le ciel par une combinaison de mouvements circulaires.

Le système de Ptolémée s'imposa pendant de nombreux siècles, jusqu'à Copernic et Galilée. Ptolémée établit également un catalogue de plus de 1 000 étoiles ; il calcula la taille du Soleil et de la Lune ainsi que leur distance par rapport à la Terre.

Claude Ptolémée
(IIᵉ siècle av. J.-C.)

Astronome, géographe et mathématicien grec, il pensait que la Terre était fixe au centre de l'Univers et proposa une théorie permettant de rendre

Nicolas Copernic
(1473-1543)

Astronome polonais, il fut le premier savant des temps modernes à montrer que la Terre n'est pas immobile au centre de l'Univers : la Terre et les autres planètes

tournent à la fois sur elles-mêmes et autour du Soleil. Craignant l'hostilité de l'Église, Copernic ne publia ses travaux qu'à la veille de sa mort.

Tycho Brahe
(1546-1601)

Astronome danois, il effectua les observations astronomiques les plus précises avant l'invention de la lunette. Les données qu'il rassembla sur le déplacement de la planète Mars permirent à son assistant et élève, Johannes Kepler, de découvrir les lois du mouvement des planètes autour du Soleil.

Galileo Galilei, dit Galilée
(1564-1642)

Physicien et astronome italien, il fut le premier à observer le ciel avec une lu-

nette astronomique qu'il construisit lui-même (1609). Il découvrit ainsi le relief de la Lune, les phases de Vénus, les quatre principaux satellites de Jupiter et une multitude d'étoiles de la Voie lactée insoupçonnées auparavant. Ses observations l'amenèrent ainsi à confirmer la théorie de Copernic : c'est bien la terre qui tourne autour du Soleil et non le contraire. Cette affirmation s'opposant aux textes de la Bible sur l'origine du monde, il fut déféré devant un tribunal de l'Église catholique, qui l'obligea à reconnaître qu'il avait tort. Mais ses travaux finirent par s'imposer à tous à la fin du XVIIᵉ siècle. Ce n'est qu'en 1992 que l'Église le réhabilita.

Johannes Kepler

(1571-1630)

Astronome allemand, partisan du système de Copernic, Kepler découvrit, grâce aux observations de son maître Tycho Brahe, les lois du mouvement des planètes autour du Soleil, et en particulier que les planètes décrivaient des orbites elliptiques. Ces lois sont appelées "lois de Kepler".

Isaac Newton

(1642-1727)

Physicien, mathématicien et astronome anglais, Isaac Newton est l'un des plus grands savants de tous les temps. En 1671, il construisit le premier télescope. En 1687, il énonça la loi de l'attraction universelle, qui explique le mouvement des planètes autour du Soleil et celui de la Lune autour de la Terre, ainsi que les marées.

Edmond Halley

(1656-1742)

Astronome britannique, Edmond Halley est célèbre pour avoir étudié le mouvement des comètes et pour avoir le premier prédit, par le calcul, le retour près du Soleil de l'une d'entre elles : la fameuse comète de Halley.

William Herschel

(1738-1822)

Astronome britannique, il construisit de nombreux télescopes et découvrit une sixième planète au-delà de Saturne : la planète Uranus (en 1781), ainsi que deux de ses satellites (en 1787), puis deux satellites de Saturne (en 1789). Jusqu'alors les astronomes ne connaissaient que 5 planètes. La découverte de Herschel fut le prélude à la découverte de 3 autres planètes. En étudiant comment se répartissent les étoiles dans différentes directions du ciel, il découvrit que le Soleil est situé à l'intérieur d'un amas d'étoiles de forme aplatie, la Galaxie.

Pierre-Simon de Laplace

(1749-1827)

Astronome, mathématicien et physicien français, il développa l'hypothèse, toujours admise, selon laquelle le système solaire serait issu d'un nuage de gaz et de poussières interstellaires - une nébuleuse - qui tournait lentement sur lui-même.

Urbain Le Verrier

(1811-1877)

Astronome français, il démontra, d'après les irrégularités du mouvement d'Uranus, l'existence d'une planète plus lointaine dont il détermina l'orbite et calcula la position. Il facilita ainsi la découverte de Neptune par l'Allemand J. Galle, en 1846. Il fut aussi le premier à organiser la diffusion des informations météorologiques en France et en Europe.

Henry Norris Russell

(1877-1957)

Astronome américain, il publia, en 1913, un diagramme sur lequel les étoiles sont classées d'après leur spectre et leur luminosité. Il mit ainsi en évidence deux types d'étoiles bien distincts. La même découverte avait été effectuée quelques années avant par l'astronome danois Ejnar Hertzsprung. Le diagramme de Hertzsprung-Russell est un outil essentiel pour l'étude des étoiles.

Albert Einstein

(1879-1955)

Considéré comme le plus grand savant du xxᵉ siècle, Einstein, né en Allemagne, dut s'exiler aux États-Unis pour fuir les persécutions du régime nazi contre les Juifs. Il exposa la théorie de la relativité générale en

1916 : toute la physique moderne en découle et elle est à l'origine de nombreuses inventions technologiques contemporaines. Il reçut le prix Nobel de physique en 1921.

Edwin Powell Hubble

(1889-1953)

Astronome américain, Hubble établit, en 1923-1924, qu'il existe d'autres galaxies au-delà de la nôtre. Puis il montra que les galaxies s'éloignent les unes des autres à une vitesse proportionnelle à leur distance (1929). C'est la première preuve de l'extension de l'Univers.

Mgr Georges Henri Lemaître

(1894-1966)

Astronome et mathématicien belge, il formula, en 1931, l'hypothèse de "l'atome primitif", selon laquelle l'Univers actuel serait issu de l'explosion d'une quantité de matière colossale qui était à l'origine concentrée dans un très petit volume : cette hypothèse est l'ancêtre de la théorie moderne du big bang.

Amas de galaxies

Groupe de galaxies, qui peut contenir entre quelques dizaines et quelques milliers de membres.

Amas globulaire

Groupe très dense d'étoiles, contenant jusqu'à plusieurs millions de membres, tous très vieux (plus de 10 milliards d'années).

Amas ouvert

Groupe d'étoiles jeunes, contenant quelques centaines de membres. Les étoiles des amas ouverts s'éparpillent au fil du temps.

Année-lumière

Distance parcourue par la lumière en une année. L'année-lumière vaut environ 9 500 milliards de kilomètres. La lumière voyage à 299 792 km/s, soit un peu plus de 1 milliard de kilomètres-heure.

Astéroïde

Petit corps rocheux ou métallique en orbite autour du Soleil.

La taille des astéroïdes varie de quelques kilomètres à quelques centaines de kilomètres. La plupart d'entre eux se trouvent entre l'orbite de Mars et celle de Jupiter, dans la "ceinture d'astéroïdes".

Astre

Tout corps céleste : galaxie, étoile, planète, satellite, astéroïde, comète...

Astrophysicien

Personne dont le métier est d'étudier les astres, de les observer et de comprendre comment ils fonctionnent.

Atome

Plus petit constituant (plus petite "partie") d'un élément chimique. La plupart des atomes qui existent dans l'Univers (l'oxygène, le carbone, le fer, l'or, etc.) et dans notre corps ont été fabriqués au cœur des étoiles. Les atomes s'assemblent en molécules.

Aurore polaire

Lueur, souvent de couleur verte ou rouge, que l'on peut voir dans le ciel des régions polaires (et parfois même plus bas). Les aurores apparaissent lorsque les particules crachées en permanence par le Soleil viennent frapper les atomes de l'atmosphère terrestre. Dans l'hémisphère Nord, on parle d'aurore "boréale" et, dans l'hémisphère Sud, d'aurore "australe".

Big bang

Événement qui a donné naissance à notre Univers, il y a environ 15 milliards d'années. En anglais, *big bang* veut dire "Grand Boom".

Big crunch

Une des fins possibles de notre Univers. Si l'Univers contient suffisamment de matière, son expansion s'arrêtera un jour, et il se contractera sur lui-même pour disparaître lors d'un *big crunch* ("Grand Écrasement"). Mais les observations actuelles semblent plutôt montrer que l'Univers continuera de s'étendre éternellement, et que le big crunch n'aura pas lieu.

Comète

Boule de glace et de poussières, d'une taille de quelques kilomètres, et qui tourne en orbite autour du Soleil. Quand une comète se rapproche du Soleil, sa glace s'évapore et se mêle aux poussières pour former une "queue", qui peut être très brillante.

Constellation

Ensemble d'étoiles formant une figure imaginaire dans le ciel. Il existe 88 constellations officielles, comme la Grande Ourse ou Cassiopée. Le plus souvent, les étoiles d'une constellation n'ont en fait aucun rapport entre elles, et ne sont pas à la même distance de la Terre.

Décalage vers le rouge

La couleur de la lumière que nous recevons d'un objet qui s'éloigne de nous est plus rouge que celle du même objet immobile. C'est grâce à ce phénomène que les astronomes découvrirent que les galaxies "se fuyaient" les unes les autres.

ÉCLIPSE

Il y a éclipse lorsqu'un astre s'intercale brièvement devant un autre, et le cache. Sur Terre, on assiste à une éclipse de Soleil quand la Lune s'intercale devant le Soleil, et nous le cache ; on assiste à une éclipse de Lune quand la Lune passe dans l'ombre de la Terre (autrement dit quand la Terre s'intercale entre la Lune et le Soleil).

ÉRUPTION SOLAIRE

Gigantesque éjection de matière qui se produit à la surface du Soleil. Ses

effets peuvent se faire sentir jusque sur Terre.

ÉQUINOXE

Moment de l'année (ou, ce qui revient au même, position de la Terre sur son orbite) où le Soleil se trouve à la verticale de l'équateur terrestre. L'équinoxe de printemps a lieu vers le 21 mars, celui d'automne vers le 23 septembre. Aux équinoxes, la durée du jour est égale à celle de la nuit.

ÉTOILE

Sphère de gaz très chaud, qui émet de la lumière et de l'énergie, contrairement à une planète. Les étoiles brillent grâce aux réactions de transformation de la matière (appelées "réactions de fusion nucléaire") qui se produisent dans leur cœur.

ÉTOILE À NEUTRONS

Astre très petit (d'une dizaine de kilomètres de diamètre), où la matière est très condensée. Les étoiles à neutrons sont en fait des cœurs de grosses étoiles qui ont explosé en supernovae.

ÉTOILE FILANTE

Traînée lumineuse qui apparaît dans le ciel lorsqu'un débris de météorite pénètre dans l'atmosphère de la Terre, et s'y consume.

EXPANSION

Grand mouvement de dilatation dans lequel est lancé l'Univers depuis sa naissance.

GALAXIE

Ensemble de plusieurs millions à plusieurs centaines de milliards d'étoiles, "tenues" ensemble par la force de gravité. Il existe plusieurs types de galaxies : les spirales, les elliptiques et les irrégulières. Certaines, surtout les spirales, contiennent du gaz et des poussières, qui leur permettent de fabriquer, aujourd'hui encore, des étoiles. (D'ailleurs, on pense généralement qu'il n'existe pas d'étoiles en dehors des galaxies.) Notre Galaxie, la Voie lactée, est une spirale.

GÉANTE ROUGE

Épisode, vers la fin de la vie d'une étoile, pendant lequel elle gonfle tout en se refroidissant. L'étoile devient alors géante et de couleur rougeâtre. Cela arrivera au Soleil dans environ 5 milliards d'années.

GRAVITÉ (OU GRAVITATION)

Force qui gouverne l'Univers. La gravité maintient les planètes en orbite autour de leur étoile, rassemble les étoiles au sein des galaxies, et les galaxies au sein des amas de galaxies. C'est l'Anglais Isaac Newton qui le premier, au XVIIᵉ siècle, découvrit cette force d'attraction, qui agit entre les masses ("les masses s'attirent entre elles").

Au XXᵉ siècle, Albert Einstein a beaucoup modifié la gravitation de Newton. La gravité explique aussi les marées et la forme ronde des planètes. Par contre, si les astéroïdes ont des formes bizarres, c'est parce qu'ils ne sont pas assez gros et massifs pour être "arrondis" par la gravité.

LUNETTE ASTRONOMIQUE

Instrument d'observation servant à recueillir la lumière visible qui vient des astres. Dans une lunette, la lumière passe au travers de morceaux de verre appelés lentilles.

MÉTÉORITE

Fragment de matière extraterrestre tombé sur terre. En général, les météorites sont des débris d'astéroïdes ou de comètes, mais on en connaît aussi qui viennent de la Lune ou de Mars.

MOLÉCULE

Assemblage d'atomes. La molécule d'eau, par exemple, est composée de deux atomes d'hydrogène et d'un atome d'oxygène.

NAINE BLANCHE

Étoile peu lumineuse et dense, qui marque la dernière étape de la vie des petites étoiles comme le Soleil. Une naine blanche a la taille de la Terre, mais une masse comparable à celle du Soleil.

NÉBULEUSE

Nuage de gaz et de poussières, que l'on trouve dans les galaxies. Jusqu'au début du XXe siècle, ce terme désignait également les galaxies.

NÉBULEUSE PLANÉTAIRE

Restes de l'enveloppe expulsée à la fin de leur vie par les petites étoiles comme le Soleil, avant qu'elles deviennent des naines blanches.

ORBITE

Trajectoire d'une planète autour du Soleil, ou d'un satellite autour d'une planète.

PLANÈTE

Corps rocheux ou gazeux qui tourne autour d'une étoile et qui, au contraire de cette étoile, n'émet pas de lumière par lui-même. Dans le système solaire, neuf planètes sont en orbite autour du Soleil : dans l'ordre, en partant du Soleil, Mercure, Vénus, la Terre, Mars, Jupiter, Saturne, Uranus, Neptune et Pluton.

PLANÈTE EXTRASOLAIRE

Planète en orbite autour d'une autre étoile que le Soleil. On en connaît une cinquantaine, mais il en existe sans doute beaucoup plus. On les appelle aussi les ''exoplanètes''.

POLAIRE (ÉTOILE)

Étoile de la constellation de la Petite Ourse qui indique aujourd'hui le nord (autrement dit, elle se trouve en effet presque exactement dans le prolongement de l'axe de rotation de la Terre).

POUSSIÈRE

Petit morceau de matière que l'on trouve entre les étoiles (poussière interstellaire) ou à l'intérieur du système solaire (poussière interplanétaire). Les poussières sont constituées de roches, de métal et de glace.

QUASAR

Cœur de galaxie prodigieusement brillant, où se cache sans doute un trou noir géant. Ce trou noir avale tout le gaz et les étoiles qui passent à sa portée, ce qui produit un énorme dégagement d'énergie et de lumière, visible depuis des milliards d'années-lumière.

RADIOTÉLESCOPE

Télescope destiné à recueillir le rayonnement radio des astres.

RÉVOLUTION

Mouvement d'un astre en orbite autour d'un autre. La Terre met un an à faire une révolution autour du Soleil.

ROTATION

Mouvement d'un astre sur lui-même. La Terre met 24 heures à faire une rotation sur elle-même.

SATELLITE

Objet naturel ou artificiel en orbite autour d'une planète. La Lune est un satellite naturel de la Terre, le télescope spatial Hubble en est un satellite artificiel.

SOLSTICE

Moment de l'année (ou, ce qui revient au même, position de la Terre sur son orbite) où le Soleil atteint sa plus grande hauteur dans le ciel. Le solstice d'été (le 21 ou le 22 juin) correspond au début de l'été et au jour le plus long de l'année dans l'hémisphère Nord. À la même date, c'est le début de l'hiver et le jour le plus court dans l'hémisphère Sud. Le solstice d'hiver (le 21 ou le 22 décembre) correspond au début de l'hiver et au jour le plus court dans l'hémisphère Nord. À la même date, c'est le début de l'été et le jour le plus long dans l'hémisphère Sud.

SUPERNOVA

Énorme explosion qui marque la mort d'une étoile massive. Après l'explosion, le cœur de l'étoile se transforme soit en étoile à neutrons, soit en trou noir.

SYSTÈME SOLAIRE

La grande famille du Soleil. Le système solaire comprend le Soleil, ses neuf planètes et leurs satellites, les astéroïdes, les comètes, les météorites et une foule de poussières, bref, tout ce qui est né en même temps que notre étoile il y a environ 5 milliards d'années.

TACHE SOLAIRE

Tache sombre apparaissant parfois à la surface du Soleil.

TÉLESCOPE

Instrument utilisé par les astronomes pour capter la lumière qui provient des astres. Alors que les lunettes utilisent des lentilles en verre, les télescopes utilisent des miroirs pour recueillir le plus de lumière possible. Il existe des télescopes adaptés à chaque type de lumière à étudier (lumière visible, ou invisible comme l'infrarouge et l'ultraviolet).

TROU NOIR

Astre si dense, où la gravité est si forte, que rien ne peut s'en échapper, même pas la lumière. On ne peut donc pas voir directement un trou noir, mais les astronomes soupçonnent qu'il en existe au centre de beaucoup de galaxies, dont la nôtre, la Voie lactée. Si ceux cachés au cœur des galaxies sont des trous noirs géants, très massifs, il existe aussi une catégorie de trous noirs beaucoup plus discrets : ceux qui se forment parfois après l'explosion d'une grosse étoile en supernova.

BIBLIOGRAPHIE

LE CHAMP DES ÉTOILES
J.-P. Verdet,
Octavius Nature,
Gallimard Jeunesse.

PLUS HAUT, PLUS LOIN
P. Bon, J.-P. Verdet,
Archimède,
l'École des loisirs.

DES PLANÈTES AUX GALAXIES
En savoir plus,
Hachette Éducation.

PLANÈTE TERRE
Les petits Débrouillards,
Albin Michel Jeunesse.

L'UNIVERS (COSMOS TOUJOURS, TU M'INTÉRESSES)
Les Docudéments,
Gallimard Jeunesse.

DÉCOUVRIR LES PLANÈTES
Bernard Hagène,
Collection Explora,
Pocket.

LE SOLEIL EST UNE ÉTOILE
Jean-Claude Pecker,
Collection Explora,
Pocket.

MILLE ET UNE LUNES
Anna Alter, Bernard
Hagène, Collection
Explora, Pocket.

TOUT CE QUE VOUS VOULIEZ SAVOIR SUR L'ASTRONOMIE
Robin Kerrod,
Le Pré aux Clercs.

L'UNIVERS
Collection Encyclopédie
des jeunes, Larousse.

SUR INTERNET

À PROPOS DU SYSTÈME SOLAIRE :
les neuf planètes
http://www.cam.org/~sam/billavf/
nineplanets/nineplanets.html

L'ÉTOILE DES ENFANTS :
questions-réponses en astronomie
http://www.lyoba.ch/etoile-des-enfants/
index.html

PALAIS DE LA DÉCOUVERTE:
http://www.palais-couverte.fr/discip/astro/astro.htm

REVUE CIEL ET ESPACE :
http://www.cieletespace.fr/

POUR ABSOLUMENT TOUT SAVOIR SUR LA PLANÈTE MARS. Avec des animations !
http://mars.bw.qc.ca/

PERDUS DANS LES ÉTOILES :
un peu d'histoire de l'astronomie
http://www.tfo.org/mega/ks_astro.html

UN SITE DÉDIÉ À LA PHYSIQUE AMUSANTE
http://www.enfants-du-net.org/labo/labo.htm

LE SITE DE L'ASSOCIATION DES PETITS DÉBROUILLARDS
http://www.lespetitsdebrouillards.com/

UN BON POINT DE DÉPART POUR LES MORDUS D'ASTRONOMIE :
http://www.astrosurf.com/rubrique.php3?
page=accueil.php3

OBSERVATOIRES EN FRANCE

OBSERVATOIRE DE BESANÇON
41 bis, avenue de
l'Observatoire
25010 Besançon Cedex.

OBSERVATOIRE DE BORDEAUX
B.P. 89
33270 Floirac.

OBSERVATOIRE DE LA CÔTE D'AZUR
B.P. 4229
06304 Nice Cedex 4.

OBSERVATOIRE DES SCIENCES DE L'UNIVERS DE GRENOBLE
414, rue de la Piscine
Domaine Universitaire
38041 Saint-Martin
d'Héres.

OBSERVATOIRE DE HAUTE-PROVENCE
04870 Saint Michel
L'Observatoire.

OBSERVATOIRE DE LYON
9, avenue Charles-André
69561 Saint Genis-Laval
Cedex.

NANÇAY
Station de
Radioastronomie
18330 Nançay

OBSERVATOIRE DE MARSEILLE
2, place Le Verrier
13248 Marseille cedex 04

OBSERVATOIRES ET PLANÉTARIUMS

**OBSERVATOIRE
DE PARIS**
61, avenue de
l'Observatoire
75014 Paris

**OBSERVATOIRE
ASTRONOMIQUE
DE STRASBOURG**
11, rue de l'Université
67000 Strasbourg

**OBSERVATOIRE
MIDI-PYRÉNÉES**
14, avenue
Édouard-Belin
31400 Toulouse

PLANÉTARIUMS EN FRANCE

**CITÉ DES SCIENCES
ET DE L'INDUSTRIE**
30, avenue Corentin-
Cariou
75019 Paris

**PALAIS DE
LA DÉCOUVERTE**
avenue Franklin-
Roosevelt
75008 Paris

**PLANÉTARIUM
DE BRETAGNE**
Site de Cosmopolis,
22560 Pleumeur
Boudou

**OBSERVATOIRE
ASTRONOMIQUE
DE STRASBOURG**
11, rue de l'Université,
67000 Strasbourg

CITÉ DE L'ESPACE
Toulouse

PLANÉTARIUM
Place de la Nation
69120 Vaulx-en-Velin

**FORUM DES
SCIENCES**
1, place de l'Hôtel-de-Ville
59650 Villeneuve d'Ascq

**HTTP://WWW.ARTOF
SKY.COM/EPN/**
Ce site fournit une liste
plus complète des
planétariums.

CREDITS PHOTOGRAPHIQUES

N° Projet : 10097547 (II) 19 - CSBS 135° - Aôut 2002